ステップ30

留学生のための

Excel 2016

ワークブック

カットシステム

もくじ

Step 01 Excelの起動と文字入力 6

Excelの役割 / Excelの起動 / Excelの起動画面 / データの入力 /
入力したデータの修正 / 入力したデータの削除 / データを連続して入力

Step 02 ファイルの保存と読み込み 10

ワークシートをファイルに保存する /
保存したワークシートをExcelで開く / ファイルの上書き保存 /
名前を付けて保存 / OneDriveについて

Step 03 Excelの画面構成 14

Excelの画面構成 / タブの選択とリボンの表示 / 表示倍率の変更 /
表示方法の変更

Step 04 セル範囲の選択 18

セル範囲の選択 / 行、列の選択 / 複数の行、列を選択 /
ワークシート全体の選択 / 離れたセル範囲の選択

Step 05 文字の書式設定 22

文字の書式指定の操作手順 / フォントの指定 / 文字サイズの指定 /
文字色の指定 / 太字、斜体、下線の指定 / 文字単位で書式を指定

Step 06 背景色と罫線の指定 26

セルの背景色の指定 / 罫線の指定 / マウスのドラッグで罫線を指定

Step 07 行、列の操作 30

「行の高さ」と「列の幅」の変更 / 「行の高さ」や「列の幅」を数値で指定 /
「行の高さ」や「列の幅」を揃える / 行、列の削除 / 行、列の挿入

Step 08 文字の配置と小数点以下の表示 34

文字の配置の指定 / 表示形式とは…？ / 小数点以下の表示桁数 /
表示桁数と実際の数値 / セル範囲を選択してから桁数を変更

Step (09) セルの書式設定（1） ・・・・・・・・・・・・・・・・・・・・・・・・・・・・・ 38

「セルの書式設定」の呼び出し／［表示形式］タブで指定できる書式／
［配置］タブで指定できる書式

Step (10) セルの書式設定（2） ・・・・・・・・・・・・・・・・・・・・・・・・・・・・・ 42

［フォント］タブで指定できる書式／［罫線］タブで指定できる書式／
［塗りつぶし］タブで指定できる書式

Step (11) 表の作成に役立つ機能 ・・・・・・・・・・・・・・・・・・・・・・・・・ 46

オートフィルの利用手順／オートフィルで連続する数値、文字をコピー／
オートフィルでセル範囲をコピー／セルの結合／折り返して全体を表示

Step (12) ワークシートの操作 ・・・・・・・・・・・・・・・・・・・・・・・・・・・・ 50

新しいワークシートの挿入／ワークシートの切り替え／
ワークシートの削除／ワークシートの並べ替え／ワークシート名の変更／
シート見出しの色変更

Step (13) ワークシートの印刷（1） ・・・・・・・・・・・・・・・・・・・・・・・ 54

印刷プレビューの確認／印刷の設定／印刷の実行

Step (14) ワークシートの印刷（2） ・・・・・・・・・・・・・・・・・・・・・・・ 58

ページ レイアウトで印刷イメージを確認／
改ページ プレビューで改ページ位置を変更／改ページの挿入／印刷の実行

Step (15) 数式の入力 ・・・・・・・・・・・・・・・・・・・・・・・・・・・・・・・・・・・・ 62

数式の入力と演算記号／セルの表示と実際に入力されている内容／
セルを参照した数式／数式のオートフィル／
行や列の挿入、削除を行った場合／計算結果の表示形式

Step ⑯ 関数の利用（1） ……………………………………… 66
関数とは…？ / 合計を求める関数の入力 /
平均、数値の個数、最大値、最小値を求める関数 /
参照するセル範囲の変更 / 参照するセル範囲の再指定

Step ⑰ 関数の利用（2） ……………………………………… 70
関数の構成 / 関数をセルに直接入力 / 関数のオートフィル /
関数を検索して入力

Step ⑱ 関数の利用（3） ……………………………………… 74
関数IFの概要 / 条件（論理式）の記述方法 /
条件に応じて異なる文字を表示 / 条件に応じて計算方法を変化させる

Step ⑲ グラフの作成と編集（1） …………………………… 78
グラフの作成 / グラフの移動とサイズ変更 / グラフの種類の変更 /
行と列の関係の入れ替え

Step ⑳ グラフの作成と編集（2） …………………………… 82
表示するグラフ要素の指定 / グラフ要素の配置 / グラフスタイルの変更 /
グラフフィルターの活用

Step ㉑ グラフの作成と編集（3） …………………………… 86
色の変更 / 各系列の色の変更 / 書式設定画面の表示 / グラフ内の文字の書式

Step ㉒ テーマとスタイル ………………………………… 90
テーマの変更 / テーマの影響を受けるフォントと色 /
配色、フォント、効果の変更 / セルのスタイル

Step ㉓ データの並べ替え ………………………………… 94
データを数値順に並べ替える / データを50音順に並べ替える /
複数の条件を指定した並べ替え

Step ㉔ **ふりがなの表示と編集** ———————————— **98**

漢字の並べ替えについて / ふりがなの表示 / ふりがなの編集 /
ふりがなを非表示の状態に戻す

Step ㉕ **フィルター** ————————————————— **102**

フィルターとは…？ / フィルターの開始 / 文字のフィルター /
抽出条件の解除 / 数値フィルター / 複数の抽出条件 / フィルターの終了

Step ㉖ **条件付き書式（1）** ——————————————— **106**

セルの強調表示ルール / 上位/下位ルール / 条件付き書式の解除

Step ㉗ **条件付き書式（2）** ——————————————— **110**

データバーの表示 / 範囲を指定してデータバーを表示 / カラースケール /
アイコンセット

Step ㉘ **クイック分析** ——————————————————— **114**

クイック分析とは…？ / 条件付き書式の指定 / グラフの作成 /
関数の自動入力 / テーブル / スパークライン

Step ㉙ **ウィンドウ枠の固定とシートの保護** ————— **118**

ウィンドウ枠の固定 / シートの保護

Step ㉚ **画像や図形の挿入** ——————————————— **122**

画像の挿入 / 図形の描画 / 図形の編集

索引 ……………………………………………………………… 126

※演習問題の解答は、以下のWebページに掲載してあります。
　http://www.cutt.jp/books/excel2016_833/

Excel の起動と文字入力

Excelは表計算というジャンルに属するアプリケーションで、表の作成やデータ処理を行うときに利用します。このステップでは、Excelの起動およびデータの入力方法を学習します。

● Excel の役割

最初に、Excelの役割について簡単に紹介しておきます。表計算アプリであるExcelは、主に以下のような場合で活用できます。

（ア）文字や数値が入力された表を作成する場合
（イ）数値データを基にさまざまな計算を行う場合
（ウ）各種データをまとめたり、グラフを作成したりする場合

（ア）の「表の作成」はWordでも行えますが、Excelを使った方が効率よく作業を進められます。また、（イ）や（ウ）のような「データ処理」を快適に行えるのもExcelならではの特長です。たとえば、テストの結果をまとめて平均点を算出したり、実験結果をグラフで示したりする場合などにExcelが役に立ちます。

● Excel の起動

それでは、さっそくExcelの利用方法を解説していきましょう。まずは、Excelを起動するときの操作手順を解説します。

 ワンポイント

スタート画面から起動
「Excel 2016」のタイルがスタート画面に表示されている場合は、このタイルをクリックしてExcelを起動しても構いません。

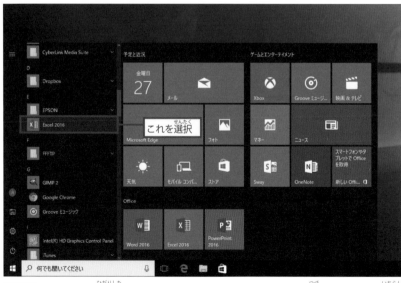

図1-1 デスクトップの左下にある［スタート］ボタンをクリックします。続いて、アプリの一覧から「Excel 2016」を選択してExcelを起動します。

● Excelの起動画面

Excelを起動すると図1-2のような画面が表示されます。ここで「空白のブック」をクリックすると、何も入力されていない白紙の**ワークシート**が画面に表示されます。

図1-2 起動 直後の画面

● データの入 力

ワークシートには、縦横に区切られたマス目がいくつも表示されています。このマス目のことを**セル**と呼びます。数値データや文字データを入力するときは、「セルの選択」→「データの入力」という手順で各セルにデータを入力していきます。

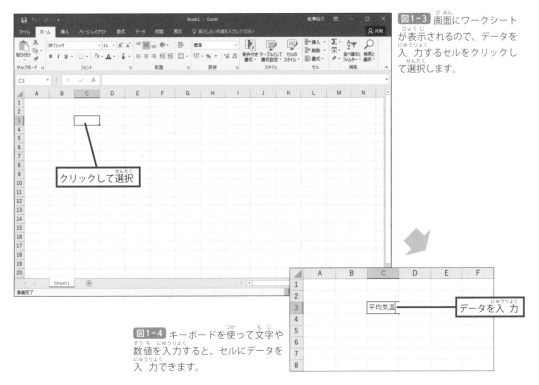

図1-3 画面にワークシートが表示されるので、データを入 力するセルをクリックして選択します。

図1-4 キーボードを使って文字や数値を入力すると、セルにデータを入 力できます。

● 入力したデータの修正

ワンポイント

ダブルクリックの利用
データが入力されている
セルをダブルクリックす
ると、セル内にカーソル
が表示されます。この状
態でデータの一部を修正
することも可能です。

　セルに入力したデータを修正するときは、そのセルを選択してからデータを再入力します。すると以前のデータが消去され、新しく入力したデータに置き換わります。また、入力したデータの一部分だけを修正することも可能です。この場合は、セルを選択したあと**数式バー**でデータの修正を行います。

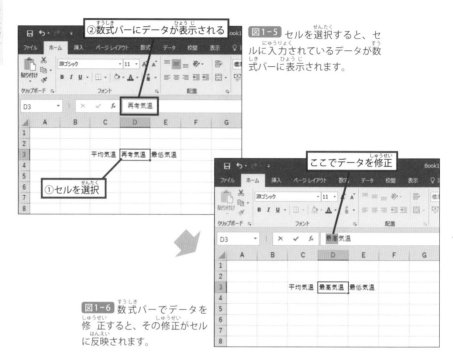

②数式バーにデータが表示される

図1-5 セルを選択すると、セルに入力されているデータが数式バーに表示されます。

①セルを選択

ここでデータを修正

図1-6 数式バーでデータを修正すると、その修正がセルに反映されます。

● 入力したデータの削除

　セルに入力したデータを削除するときは、セルを選択した状態で［Delete］キーを押します。するとセル内のデータが削除され、空白のセルに戻ります。

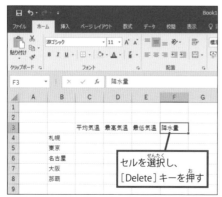

セルを選択し、
［Delete］キーを押す

図1-7 データを削除するセルを選択し、［Delete］キーを押します。

データが削除される

図1-8 セルのデータが削除されます。

● データを連続して入 力

　各セルにデータを連続して入力するときは、[Tab] キーや [Enter] キーを利用すると便利です。データを入力したあと [Tab] キーを押すと、セルの選択を右隣のセルへ移動できます。[Enter] キーを押すと、セルの選択を1つ下のセルへ移動できます。

図1-10 [Tab] キーを押すと1つ右のセルが選択され、右方向にデータを連続して入力できます。

図1-9 セルにデータを入力したあと…、

図1-11 [Enter] キーを押すと1つ下のセルが選択され、下方向にデータを連続して入力できます。

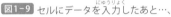

演 習

（1）Excelを起動し、以下のようにデータを入力してみましょう。
　　※セルに入力した数値は自動的に右揃えで配置されます。

	A	B	C	D	E	F	G
1		2016年7月の気温					
2							
3			平均気温	最高気温	最低気温		
4		札幌	20.7	25	17.6		
5		東京	25.4	29.7	22.1		
6		名古屋	27	31.6	23.6		
7		大阪	28	32.6	24.8		
8		那覇	29.8	32.6	27.6		
9							
10							

（2）演習（1）で作成した表内にある「平均気温」「最高気温」「最低気温」の文字を、それぞれ「平均」「最高」「最低」に修正してみましょう。

Step 02

ファイルの保存と読み込み

Excelで作成した表はファイルに保存して管理します。続いては、ワークシートをファイルに保存する方法、ならびに保存したファイルを読み込む方法について解説します。

● ワークシートをファイルに保存する

編集したワークシートをファイルに保存するときは、[ファイル]タブを選択して以下のように操作します。

このタブを選択

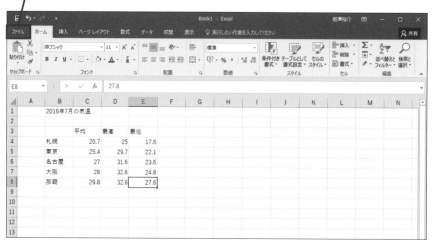

図2-1 [ファイル]タブを選択します。

①これを選択

②クリック

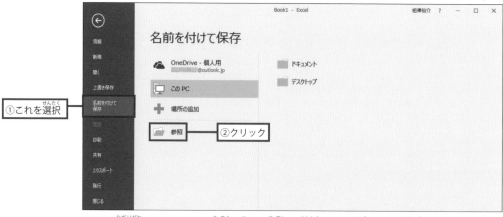

図2-2 左側のメニューから「名前を付けて保存」を選択します。続いて、「参照」をクリックします。

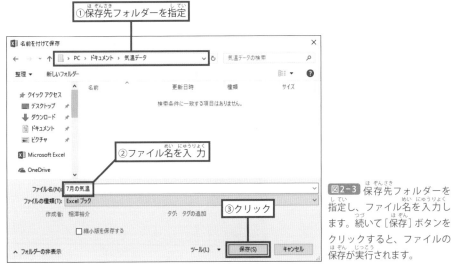

①保存先フォルダーを指定

②ファイル名を入 力

③クリック

図2-3 保存先フォルダーを指定し、ファイル名を入力します。続いて [保存] ボタンをクリックすると、ファイルの保存が実行されます。

● 保存したワークシートを Excel で開く

ファイルを保存できたら、いちど Excel を終了し、ファイルを正しく開けるか確認してみましょう。保存したファイルのアイコンをダブルクリックすると、そのファイルを Excel で開くことができます。

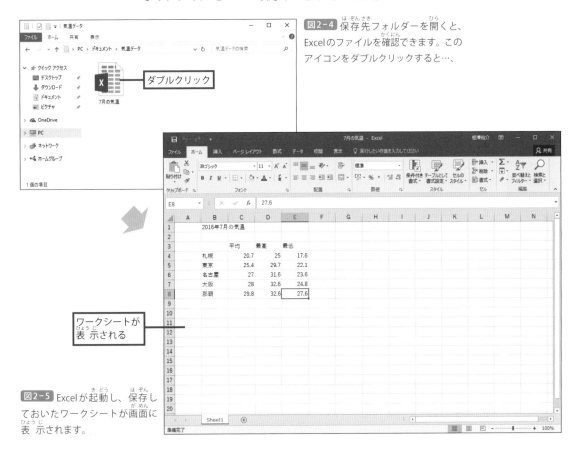

ダブルクリック

7月の気温

図2-4 保存先フォルダーを開くと、Excel のファイルを確認できます。このアイコンをダブルクリックすると…、

ワークシートが表 示される

図2-5 Excel が起動し、保存しておいたワークシートが画面に表 示されます。

● ファイルの上書き保存

ワンポイント

[Ctrl] + [S]キー
上書き保存の操作をキーボードで行うことも可能です。この場合は、[Ctrl]キーを押しながら[S]キーを押します。便利な操作方法なので、ぜひ覚えておいてください。

ワークシートに何らかの修正を加えたときは、ファイルの**上書き保存**を実行し、ファイルの内容を更新しておく必要があります。この操作は、[**ファイル**]タブを選択し、「**上書き保存**」をクリックすると実行できます。

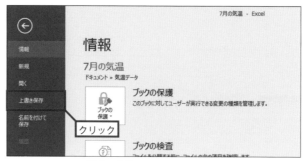

図2-6 ファイルの上書き保存

● 名前を付けて保存

現在のファイルを維持したまま、編集中のワークシートを別のファイルに保存することも可能です。この場合は[ファイル]タブにある「**名前を付けて保存**」を選択し、P10～11と同様の手順（新規にファイルを保存する場合の手順）で操作を行います。

図2-7 別名でファイルに保存するときは、[ファイル]タブにある「名前を付けて保存」を選択し、「参照」をクリックします。

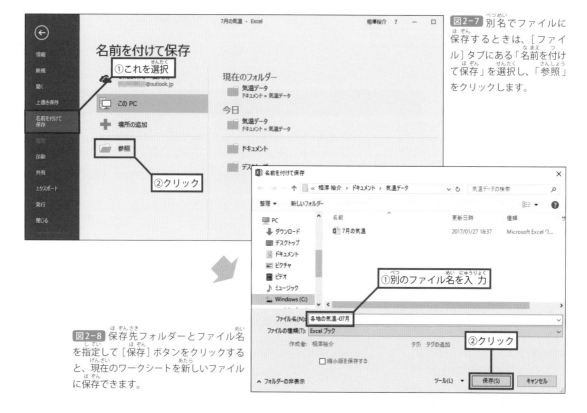

図2-8 保存先フォルダーとファイル名を指定して[保存]ボタンをクリックすると、現在のワークシートを新しいファイルに保存できます。

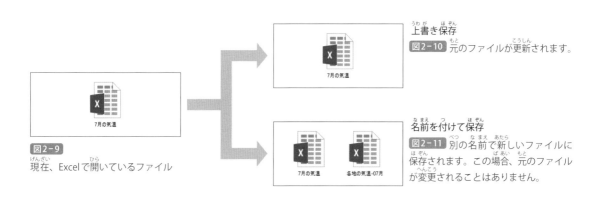

上書き保存
図2-10 元のファイルが更新されます。

名前を付けて保存
図2-11 別の名前で新しいファイルに保存されます。この場合、元のファイルが変更されることはありません。

図2-9
現在、Excelで開いているファイル

● OneDriveについて

　Excelには、ファイルをOneDriveに保存する機能も用意されています。OneDriveとは、マイクロソフトが提供する無料のクラウド ストレージのことで、インターネット上にファイルを保存できるサービスとなります。自宅のパソコンだけでなく学校にあるパソコンでもワークシートの閲覧や編集を行いたい場合は、このOneDriveにファイルを保存しておくとよいでしょう。

（※）OneDriveを利用するには、Microsoftアカウントを取得し、サインインしておく必要があります。

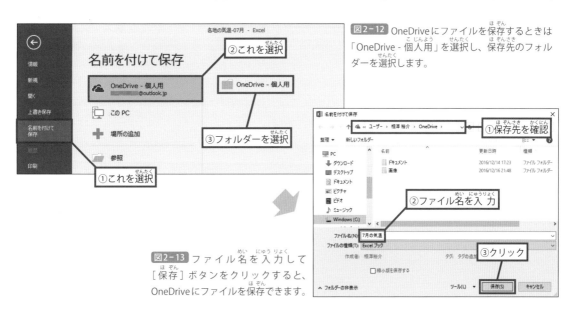

図2-12 OneDriveにファイルを保存するときは「OneDrive - 個人用」を選択し、保存先のフォルダーを選択します。

図2-13 ファイル名を入力して［保存］ボタンをクリックすると、OneDriveにファイルを保存できます。

（1）ステップ01の演習（1）のように表を作成し、ファイルに保存してみましょう。

（2）いちどExcelを終了したあと、演習（1）で保存したファイルをダブルクリックし、ワークシートを画面に表示してみましょう。

（3）続いて、表内にある「平均気温」「最高気温」「最低気温」の文字を、それぞれ「平均」「最高」「最低」に修正し、上書き保存してみましょう。

Step 03

Excelの画面構成

続いては、Excelの画面構成について解説します。各種操作や画面の拡大／縮小などをスムーズに行えるように、各部の名称と基本的な操作方法を学習してください。

● Excelの画面構成

　Excelを起動してワークシートを表示させると、以下のような構成で画面が表示されます。まずは、各部の名称と大まかな役割を把握しておきましょう。

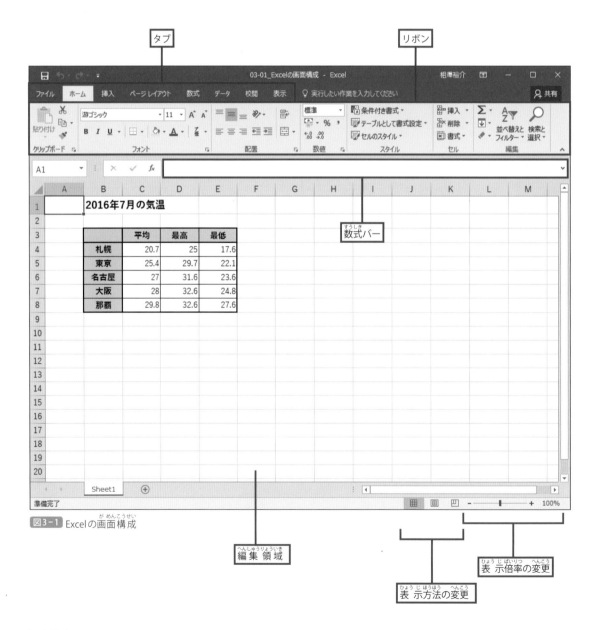

図3-1 Excelの画面構成

◆ **タブ**
ここで大まかな操作内容を指定します。選択したタブに応じてリボンに表示される内容が変化します。なお、ファイルの保存や印刷などを行うときは、ここで[ファイル]タブを選択します。

◆ **リボン**
さまざまな操作コマンドが表示される領域です。ここに表示される内容は、選択しているタブに応じて変化します。

◆ **数式バー**
選択しているセルに入力されているデータが表示されます。ここでデータの入力や修正を行うことも可能です。

◆ **編集領域（ワークシート）**
データを入力するための**セル**が縦横に格子状に並んでいます。表を作成するときは、ここでデータの入力などを行っていきます。

●タブの選択とリボンの表示

先ほど説明したように、**リボン**に表示されるコマンドは、選択している**タブ**に応じて変化します。このため、実際に操作を行うときは、「タブで大まかな操作を選択」→「リボンで操作コマンドを選択」という手順で操作するのが基本です。

図3-2 ［挿入］タブを選択したときのリボンの表示

図3-3 ［数式］タブを選択したときのリボンの表示

図3-4 ［データ］タブを選択したときのリボンの表示

● 表示倍率の変更

ワンポイント

表示倍率を数値で指定
「○○％」と表示されて
いる部分をマウスでク
リックすると、「ズーム」
ウィンドウが表示され、
ワークシートの表示倍率
を数値（％）で指定でき
るようになります。

編集領域に表示されている**ワークシート**は、その表示倍率を自由に変更できます。表示倍率を変更するときは、ウィンドウ右下にある**ズーム**を操作します。

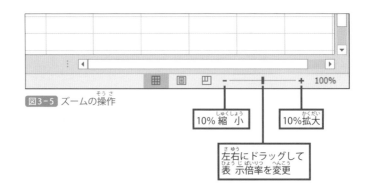

図3-5 ズームの操作

10% 縮小　　10% 拡大

左右にドラッグして
表示倍率を変更

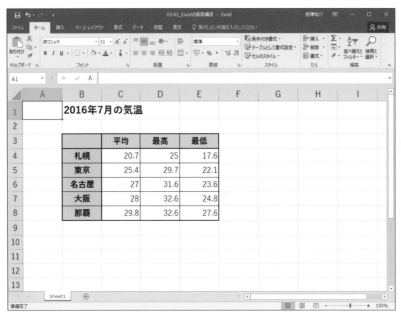

図3-6 文字が小さくて見にくいときは、表示倍率を拡大すると作業を進めやすくなります。

そのほか、マウスを使ってワークシートの表示を拡大/縮小することも可能です。この場合は、キーボードの [Ctrl] キーを押しながらマウスホイールを上下に回転させます。

● 表示方法の変更

Excelには3種類の表示方法が用意されています。これらのうち、通常時に使用する表示方法は**標準**となります。他の表示方法は、表を印刷するときの設定変更などに活用します。それぞれの表示方法は、ウィンドウ右下にあるアイコンをクリックすると切り替えられます。

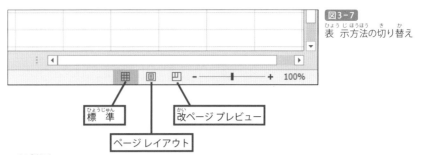

図3-7
表示方法の切り替え

標準　ページレイアウト　改ページ プレビュー

◆ 標準

最も標準的な表示方法です。通常は、この表示方法でワークシートの編集作業を進めていきます。

◆ ページ レイアウト

印刷イメージを確認しながら編集作業を進めていく場合に利用します。

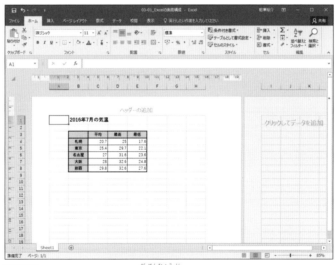

図3-8 「ページ レイアウト」の画面表示

◆ 改ページ プレビュー

表を印刷するときに、どこでページを区切るかを指定する場合に利用します。詳しい利用方法はステップ14で解説します。

演習

（1）［挿入］〜［表示］タブを順番に選択し、リボンの表示がどのように変化するかを確認してみましょう。

（2）ステップ02の演習（3）で保存したファイルを開き、ワークシートの表示倍率を150%に変更してみましょう。

（3）マウスホイールを使って、ワークシートの表示倍率を拡大/縮小してみましょう。

セル範囲の選択

文字やセルの書式を指定するときは、あらかじめセル範囲を選択しておく必要があります。続いては、セル範囲や行、列などを選択するときの操作手順を解説します。

● セル範囲の選択

複数のセルをまとめて選択するときは、その範囲をマウスで斜めにドラッグします。すると、それを対角線とする四角形のセル範囲を選択できます。

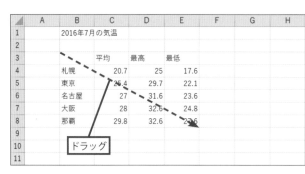

図4-1 選択する範囲の対角線をマウスでドラッグします。

図4-2 複数のセル(セル範囲)がまとめて選択されます。

なお、セル範囲の選択を解除するときは、適当なセルをマウスでクリックします。

図4-3 適当なセルをクリックすると、選択中のセル範囲を解除できます。

● 行、列の選択

行全体を選択するときは、画面の左端に並ぶ1、2、3、…の行番号をクリックします。同様に、画面の上端に並ぶA、B、C、…の列番号をクリックすると列全体を選択できます。

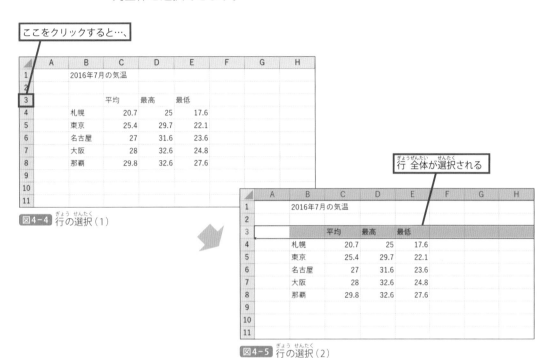

ここをクリックすると…、

図4-4 行の選択（1）

行 全体が選択される

図4-5 行の選択（2）

ここをクリックすると…、

図4-6 列の選択（1）

列全体が選択される

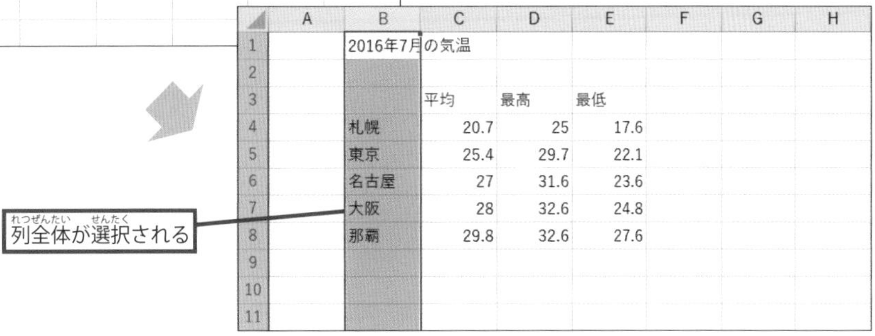

図4-7 列の選択（2）

複数の行、列を選択

複数の行または列をまとめて選択することも可能です。この場合は、行番号や列番号の上をマウスでドラッグします。

ここをドラッグ

	A	B	C	D	E	F	G	H
1		2016年7月の気温						
2								
3			平均	最高	最低			
4		札幌	20.7	25	17.6			
5		東京	25.4	29.7	22.1			
6		名古屋	27	31.6	23.6			
7		大阪	28	32.6	24.8			
8		那覇	29.8	32.6	27.6			
9								
10								
11								

図4-8 複数の列の選択(1)

複数の列がまとめて選択される

	A	B	C	D	E	F	G	H
1		2016年7月	の気温					
2								
3			平均	最高	最低			
4		札幌	20.7	25	17.6			
5		東京	25.4	29.7	22.1			
6		名古屋	27	31.6	23.6			
7		大阪	28	32.6	24.8			
8		那覇	29.8	32.6	27.6			
9								
10								
11								

図4-9 複数の列の選択(2)

ワークシート全体の選択

ワークシート上にある全てのセルをまとめて選択する方法も用意されています。この場合は、ワークシートの左上にある▨をクリックします。

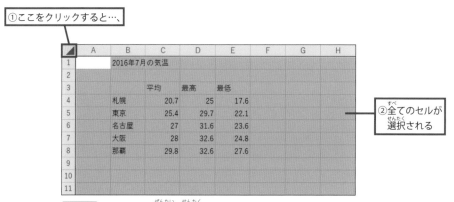

①ここをクリックすると…、

②全てのセルが選択される

図4-10 ワークシート全体の選択

20

● 離れたセル範囲の選択

四角形でない範囲をまとめて選択するときは、[Ctrl]キーを利用してセル範囲の選択を追加していきます。

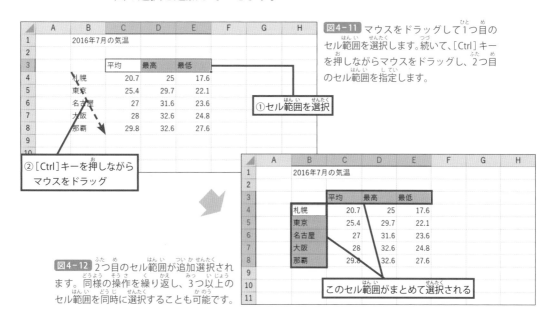

図4-11 マウスをドラッグして1つ目のセル範囲を選択します。続いて、[Ctrl]キーを押しながらマウスをドラッグし、2つ目のセル範囲を指定します。

①セル範囲を選択

②[Ctrl]キーを押しながらマウスをドラッグ

図4-12 2つ目のセル範囲が追加選択されます。同様の操作を繰り返し、3つ以上のセル範囲を同時に選択することも可能です。

このセル範囲がまとめて選択される

演 習

（1）ステップ02の演習（3）で保存したファイルを開き、以下のセル範囲を選択してみましょう。

	A	B	C	D	E	F	G
1			2016年7月の気温				
2							
3			平均	最高	最低		
4		札幌	20.7	25	17.6		
5		東京	25.4	29.7	22.1		
6		名古屋	27	31.6	23.6		
7		大阪	28	32.6	24.8		
8		那覇	29.8	32.6	27.6		
9							

このセル範囲を選択

（2）続いて、3行目を選択してみましょう。

（3）[Ctrl]キーを利用し、以下のセル範囲を選択してみましょう。

	A	B	C	D	E	F	G
1			2016年7月の気温				
2							
3			平均	最高	最低		
4		札幌	20.7	25	17.6		
5		東京	25.4	29.7	22.1		
6		名古屋	27	31.6	23.6		
7		大阪	28	32.6	24.8		
8		那覇	29.8	32.6	27.6		
9							

このセル範囲を選択

Step 05

文字の書式設定

セルに入力したデータは、フォントや文字サイズ、文字色などの書式を自由に変更できます。このステップでは、文字の書式を変更するときの操作手順を解説します。

● 文字の書式指定の操作手 順

文字の書式を変更するときは、あらかじめセル（またはセル範囲）を選択し、[ホーム]タブのリボンにある「フォント」の領域で書式を指定します。

セル範囲を選択

 図5-1 文字の書式を変更するセル（またはセル範囲）を選択します。

ここで書式を指定

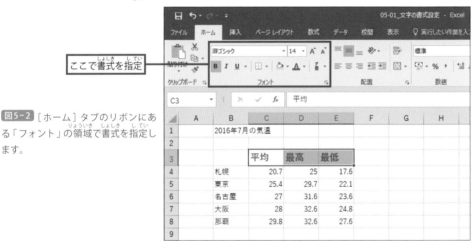

図5-2 [ホーム]タブのリボンにある「フォント」の領域で書式を指定します。

文字の書式が変更される

 図5-3 選択していたセル（またはセル範囲）の文字が、指定した書式に変更されます。

●フォントの指定

明朝体やゴシック体などの文字の書体を変更するときは、 游ゴシック ▼ （フォント）の▼をクリックし、一覧からフォントを選択します。すると、選択していたセル（セル範囲）のフォントが変更されます

①クリック

図5-4
フォントの指定

②フォントを選択

● 文字サイズの指定

文字サイズを変更するときは、 11 ▼ （フォント サイズ）の▼をクリックし、一覧から適当な数値を選択します。なお、ここに表示される数値の単位はポイントとなります。

📖 用語解説

ポイント
ポイントは文字サイズなどを指定するときによく利用される単位で、1ポイント＝1/72inch（約0.353mm）となります。
たとえば、12ポイントの文字は、約4.2mm四方の文字サイズになります。

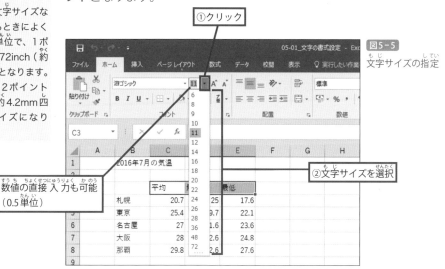

①クリック

図5-5
文字サイズの指定

②文字サイズを選択

数値の直接入力も可能
（0.5単位）

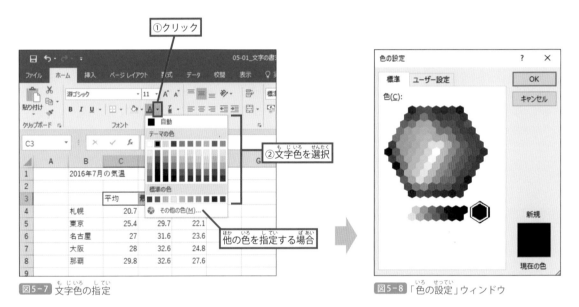

ワンポイント

フォントと行の高さ
フォントを変更した際に「行の高さ」が自動調整される場合もあります。「行の高さ」を自分で指定する方法については、ステップ07で詳しく解説します。

	A	B	C	D	E	F	G
1		2016年7月の気温					
2							
3			平均	最高	最低		
4		札幌	20.7	25	17.6		
5		東京	25.4	29.7	22.1		
6		名古屋	27	31.6	23.6		
7		大阪	28	32.6	24.8		
8		那覇	29.8	32.6	27.6		
9							

行の高さが自動調整される

図5-6 文字サイズを変更すると、それに応じて「行の高さ」が自動調整されます。

文字色の指定

文字色を変更するときは、**A**(フォントの色)の▾をクリックし、一覧から色を選択します。ここで「**その他の色**」を選択し、「**色の設定**」ウィンドウで文字色を指定することも可能です。

①クリック

②文字色を選択

他の色を指定する場合

図5-7 文字色の指定

図5-8 「色の設定」ウィンドウ

太字、斜体、下線の指定

そのほか、**太字**、**斜体**、**下線**の書式を指定することも可能です。これらの書式は、以下のアイコンをクリックして有効/無効を切り替えます。

太字　斜体　下線

図5-9
文字飾りの指定

● 文字単位で書式を指定

セルではなく、各々の文字に対して書式を指定することも可能です。この場合は、数式バーで文字を選択してから書式を指定します。

セルを選択

図 5-10 書式変更する文字が入力されているセルを選択します。

②ここで書式を指定

①書式を変更する文字を選択

図 5-11 続いて、数式バーで書式を変更する文字を選択します。この状態で書式を指定すると、選択中の文字についてのみ書式を変更することができます。

演 習

（1）ステップ02の演習（3）で保存したファイルを開き、B1セルのフォントを「HGPゴシックE」に変更してみましょう。

（2）さらに、B1セルの文字サイズを16ポイントに変更してみましょう。

（3）3～8行目の文字サイズを14ポイントに変更してみましょう。

（4）「最高」の文字色を「赤」、「最低」の文字色を「青」に変更してみましょう。

（5）C3～E3およびB4～B8のセル範囲に太字を指定してみましょう。

	A	B	C	D	E	F	G
1		**2016年7月の気温**					
2							
3			平均	最高	最低		
4		札幌	20.7	25	17.6		
5		東京	25.4	29.7	22.1		
6		名古屋	27	31.6	23.6		
7		大阪	28	32.6	24.8		
8		那覇	29.8	32.6	27.6		
9							

HGPゴシックE
16ポイント

14ポイント

《作業後にファイルの上書き保存を行い、ファイルを更新しておきます》

Step 06 背景色と罫線の指定
はいけいしょく　けいせん　してい

Excelには、セルの背景を色で塗りつぶしたり、セルの周囲に罫線を引いたりする書式が用意されています。これらの書式は表を見やすくする場合などに活用できます。

● セルの背景色の指定
はいけいしょく　してい

セルの背景色を指定するときは、[ホーム]タブにある 🎨（塗りつぶしの色）を利用し、以下のように操作を行います。

	A	B	C	D	E	F	G
1		2016年7月の気温					
2							
3			平均	最高	最低		
4		札幌	20.7	25	17.6		
5		東京	25.4	29.7	22.1		
6		名古屋	27	31.6	23.6		
7		大阪	28	32.6	24.8		
8		那覇	29.8	32.6	27.6		
9							

図6-1 背景色を指定するセル（セル範囲）を選択します。

セル範囲を選択

①クリック

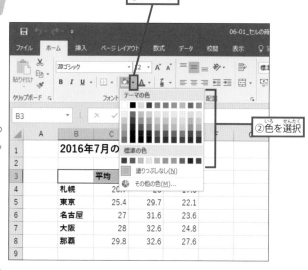

図6-2 [ホーム]タブにある 🎨（塗りつぶしの色）の▾をクリックし、一覧から色を選択します。

②色を選択

	A	B	C	D	E	F	G
1		2016年7月の					
2							
3			平均				
4		札幌	20.7	25			
5		東京	25.4	29.7	22.1		
6		名古屋	27	31.6	23.6		
7		大阪	28	32.6	24.8		
8		那覇	29.8	32.6	27.6		
9							

	A	B	C	D	E	F	G
1		2016年7月の気温					
2							
3			平均	最高	最低		
4		札幌	20.7	25	17.6		
5		東京	25.4	29.7	22.1		
6		名古屋	27	31.6	23.6		
7		大阪	28	32.6	24.8		
8		那覇	29.8	32.6	27.6		
9							

図6-3 セルの背景が指定した色で塗りつぶされます。

色で塗りつぶされる

ワンポイント

背景色の解除
セルの背景色を「なし」に戻すときは、一覧から「塗りつぶしなし」を選択します。

　セルの周囲に罫線を描画するときは、［ホーム］タブにある □（罫線）を利用します。もちろん、この場合も先にセル（セル範囲）を選択しておく必要があります。たとえば、表全体に格子状の罫線を描画するときは、以下のように操作します。

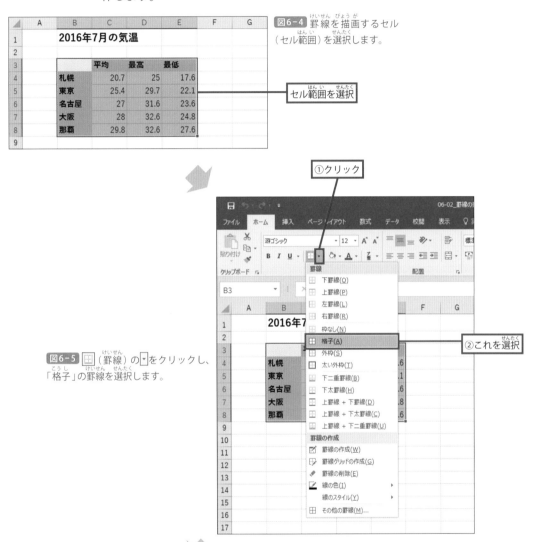

図6-4 罫線を描画するセル（セル範囲）を選択します。

セル範囲を選択

①クリック

②これを選択

図6-5 □（罫線）の ▼ をクリックし、「格子」の罫線を選択します。

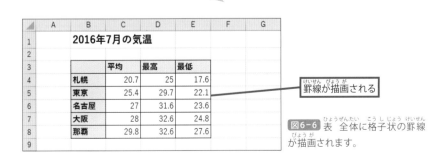

罫線が描画される

図6-6 表 全体に格子状の罫線が描画されます。

（罫線）には、以下のような13種類の罫線が用意されています。

田 …… セル（セル範囲）の**下**に罫線を描画します。

田 …… セル（セル範囲）の**上**に罫線を描画します。

田 …… セル（セル範囲）の**左**に罫線を描画します。

田 …… セル（セル範囲）の**右**に罫線を描画します。

田 …… セル（セル範囲）の外周および内部にある**罫線を全て**削除します。

田 …… セル（セル範囲）に**格子状の罫線**を描画します。

田 …… セル（セル範囲）の**外周**に罫線を描画します。

田 …… セル（セル範囲）の**外周に太線の罫線**を描画します。

田 …… セル（セル範囲）の**下に二重線**の罫線を描画します。

田 …… セル（セル範囲）の**下に太線**の罫線を描画します。

田 …… セル（セル範囲）の**上下**に罫線を描画します。

田 …… セル（セル範囲）の**上下**に罫線を描画します。**下の罫線は太線**になります。

田 …… セル（セル範囲）の**上下**に罫線を描画します。**下の罫線は二重線**になります。

● **マウスのドラッグで罫線を指定**

Excelには、マウスのドラッグで罫線を描画する方法も用意されています。こちらは「黒以外の罫線」や「点線の罫線」を描画する場合などに活用できます。

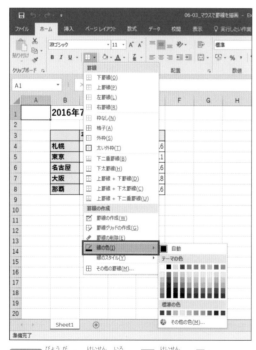

図6-7 描画する罫線の色は、（罫線）の▾をクリックし、「線の色」で指定します。

図6-8 同様に、線の種類は「線のスタイル」で指定します。

「線の色」や「線のスタイル」を指定すると、ポインタの形状が に変化します。この状態でマウスをドラッグすると、指定した色、種類の罫線を描画できます。

	平均	最高	最低
札幌	20.7	25	17.6
東京	25.4	29.7	22.1
名古屋	27	31.6	23.6
大阪	28	32.6	24.8
那覇	29.8	32.6	27.6

2016年7月の気温

図6-9 直線の罫線を描画するときは、セルとセルの間をなぞるようにドラッグします。

図6-10 マウスを斜めにドラッグすると、そのセル範囲の外周を囲む罫線を描画できます。

罫線の描画を終えるときは、▦（罫線）の▾をクリックし、「罫線の作成」を選択します。すると、ポインタが通常の形状に戻り、罫線の描画が終了します。

図6-11
罫線の描画の終了

これを選択

ワンポイント

罫線の削除
描画した罫線をマウスのドラッグで削除することも可能です。この場合は、▦（罫線）で「罫線の削除」を選択してからマウスをドラッグします。

演習

（1）ステップ05の演習（5）で保存したファイルを開き、「表の見出し」に好きな色の背景色を指定してみましょう。

（2）続いて、以下の図のように罫線を描画してみましょう。

2016年7月の気温

	平均	最高	最低
札幌	20.7	25	17.6
東京	25.4	29.7	22.1
名古屋	27	31.6	23.6
大阪	28	32.6	24.8
那覇	29.8	32.6	27.6

《作業後にファイルの上書き保存を行い、ファイルを更新しておきます》

行、列の操作

続いては、「行の高さ」や「列の幅」を変更するときの操作手順を解説します。また、行や列を削除したり、行や列を挿入したりする方法もこのステップで解説します。

●「行の高さ」と「列の幅」の変更

セルに入力したデータの文字数が多い場合（または少ない場合）は、列の幅を変更すると表が見やすくなります。各列の幅は、ワークシートの上部にある列番号を区切る線を左右にドラッグすると変更できます。

ここをドラッグ

	A	B	C	D	E	F
1		**2016年7月の気温**				
2						
3			平均	最高	最低	
4		札幌	20.7	25	17.6	
5		東京	25.4	29.7	22.1	
6		名古屋	27	31.6	23.6	
7		大阪	28	32.6	24.8	
8		那覇	29.8	32.6	27.6	
9						

図7-1 列の幅の変更（1）

列の幅が変更される

	A	B	C	D	E	F
1		**2016年7月の気温**				
2						
3			平均	最高	最低	
4		札幌	20.7	25	17.6	
5		東京	25.4	29.7	22.1	
6		名古屋	27	31.6	23.6	
7		大阪	28	32.6	24.8	
8		那覇	29.8	32.6	27.6	
9						

図7-2 列の幅の変更（2）

同様に、行番号を区切る線を上下にドラッグして行の高さを変更することも可能です。

ここをドラッグ

	A	B	C	D	E	F
1		**2016年7月の気温**				
2						
3			平均	最高	最低	
4		札幌	20.7	25	17.6	
5		東京	25.4	29.7	22.1	
6		名古屋	27	31.6	23.6	
7		大阪	28	32.6	24.8	
8		那覇	29.8	32.6	27.6	
9						
10						

図7-3 行の高さの変更（1）

行の高さが変更される

	A	B	C	D	E	F
1		**2016年7月の気温**				
2						
3			平均	最高	最低	
4		札幌	20.7	25	17.6	
5		東京	25.4	29.7	22.1	
6		名古屋	27	31.6	23.6	
7		大阪	28	32.6	24.8	
8		那覇	29.8	32.6	27.6	
9						

図7-4 行の高さの変更（2）

Excelには、列の幅を数値で指定する機能も用意されています。この場合は、以下のように操作して列の幅を指定します。

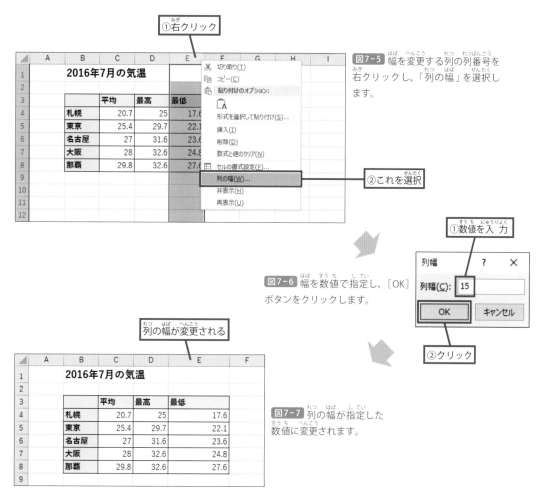

①右クリック

図7-5 幅を変更する列の列番号を右クリックし、「列の幅」を選択します。

②これを選択

①数値を入力

図7-6 幅を数値で指定し、[OK]ボタンをクリックします。

②クリック

列の幅が変更される

図7-7 列の幅が指定した数値に変更されます。

同様に、行の高さを数値で指定することも可能です。

幅と高さの単位
数値で幅や高さを指定するときは、それぞれ単位に注意してください。列の幅は、標準フォント（11ポイントの半角文字）の「文字数」が数値の単位となります。一方、行の高さは「ポイント」が数値の単位となります。

①右クリック

②これを選択

図7-8 行の高さを数値で指定する場合は、行番号を右クリックし、「行の高さ」を選択します。

●「行の高さ」や「列の幅」を揃える

列の幅を数値で指定する方法は、列の幅を揃える場合にも活用できます。この場合は、複数の列を選択した状態で、右クリックメニューから「列の幅」を選択します。同様の手順で行の高さを揃えることも可能です。

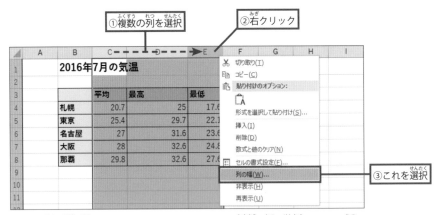

図7-9 列の幅を揃えるときは、マウスをドラッグして複数の列を選択してから「列の幅」を数値で指定します。すると、選択していた列を全て同じ幅に揃えることができます。

●行、列の削除

表にデータを入力したあとに、不要な行／列に気付く場合もあると思います。この場合は、以下のように操作すると**行の削除**や**列の削除**を行えます。

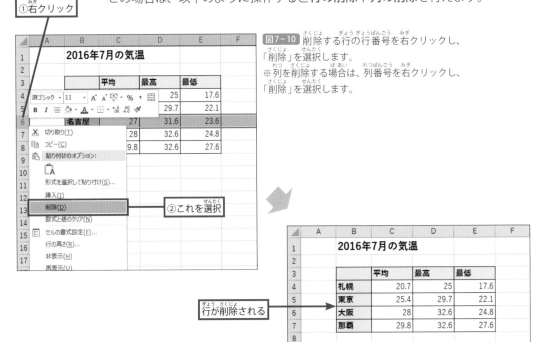

図7-10 削除する行の行番号を右クリックし、「削除」を選択します。
※列を削除する場合は、列番号を右クリックし、「削除」を選択します。

行が削除される

図7-11 行が削除され、以降の行が詰めて表示されます。

● 行、列の挿 入

先ほどの操作とは逆に、表の途中に行や列を追加したい場合もあると思います。この場合は、**行の挿入**や**列の挿入**を行います。

①右クリック

	A	B	C	D	E	F
1			2016年7月の気温			
2						
3	游ゴシック 11 ▾ Aˆ Aˇ ＄ ％ ⁹				最低	
4	B I ≡ ◇▾Aˇ▾⊞▾ ⁺.⁰.₀₀ ▾ ◇			25	17.6	
5		東京	25.4	29.7	22.1	
6	✂ 切り取り(T)		28	32.6	24.8	
7	⧉ コピー(C)		9.8	32.6	27.6	
8	⧉ 貼り付けのオプション:					
9	⎣A					
10	形式を選択して貼り付け(S)...					
11	挿入(I)					
12	削除(D)					

②これを選択

図7-12 行 番号を右クリックし、「挿入」を選択します。
※列を挿入する場合は、列番号を右クリックし、「挿入」を選択します。

	A	B	C	D	E	F
1			2016年7月の気温			
2						
3			平均	最高	最低	
4		札幌	20.7	25	17.6	
5						
6	✒	東京	25.4	29.7	22.1	
7		大阪	28	32.6	24.8	
8		那覇	29.8	32.6	27.6	
9						

図7-13 右クリックした行の1つ前に、行が挿入されます。もちろん、挿入した行にもデータを入力することが可能です。

行が挿入される

行や列を挿入すると、✒（**挿入オプション**）が画面に表示されます。このオプションは、挿入した行（列）の書式を上下（左右）のどちらと同じ書式にするかを指定する場合に利用します。

①クリック

②書式を合わせる方向を選択

	A	B	C	D	E	F
3			平均	最高	最低	
4		札幌	20.7	25	17.6	
5						
6	✒▾	東京	25.4	29.7	22.1	
7	◉ 上と同じ書式を適用(A)		28	32.6	24.8	
8	○ 下と同じ書式を適用(B)		29.8	32.6	27.6	
9	○ 書式のクリア(C)					

図7-14 挿入オプション

演 習

（1）ステップ06の演習（2）で保存したファイルを開き、D列の幅を少し大きくしてみましょう。
（2）続いて、C列、D列、E列の幅を「12」に変更し、各列の幅を揃えてみましょう。
（3）6行目（「名古屋」の行）を削除してみましょう。
（4）行の挿入を行い、以下の図のように「仙台」のデータを追加してみましょう。

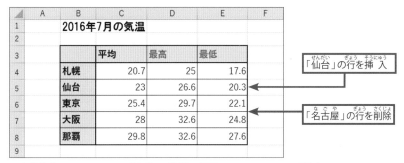

	A	B	C	D	E	F
1			2016年7月の気温			
2						
3			平均	最高	最低	
4		札幌	20.7	25	17.6	
5		仙台	23	26.6	20.3	
6		東京	25.4	29.7	22.1	
7		大阪	28	32.6	24.8	
8		那覇	29.8	32.6	27.6	
9						

「仙台」の行を挿 入

「名古屋」の行を削除

《作 業 後にファイルの上書き保存を行い、ファイルを更新しておきます》

文字の配置と小数点以下の表示

セルに入力したデータは、文字の配置を「中央揃え」などに変更できます。また、小数点以下の表示桁数を指定することも可能です。続いては、これらの書式を指定するときの操作手順を解説します。

文字の配置の指定

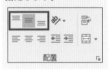
通常、セルに入力したデータは、**文字は左揃え**、**数値は右揃え**で表示されます。これを他の配置方法に変更するときは、[ホーム]タブにある3つのアイコンを利用します。

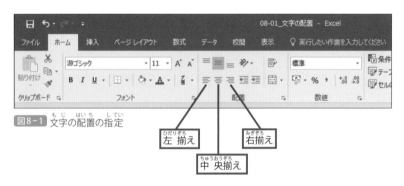

図8-1 文字の配置の指定

左揃え　中央揃え　右揃え

たとえば、文字を「**中央揃え**」で配置するときは以下のように操作します。

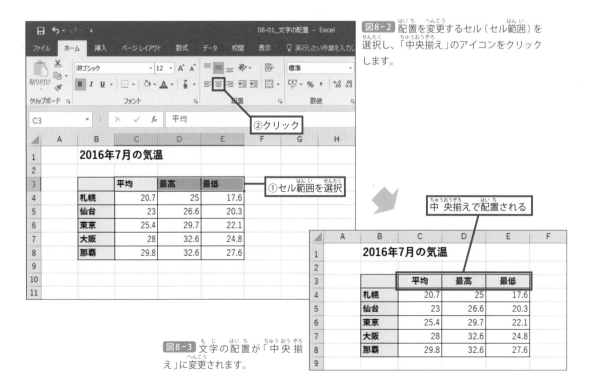

図8-2 配置を変更するセル(セル範囲)を選択し、「中央揃え」のアイコンをクリックします。

②クリック

①セル範囲を選択

中央揃えで配置される

図8-3 文字の配置が「中央揃え」に変更されます。

● 表示形式とは…？

　　Excelには**表示形式**と呼ばれる書式も用意されています。これはセルに入力したデータの表示方法を指定する書式で、最初は全てのセルに「標準」の表示形式が指定されています。

　　たとえば、セルに「12.00」と入力すると、小数点以下が自動的に省略され、画面には「12」だけが表示されます。この理由は、「標準」の表示形式が小数点以下の0（ゼロ）を自動省略する仕組みになっているためです。小数点以下を好きな桁数だけ表示するには、自分で表示形式を指定しなければいけません。

	A	B	C	D
1				
2				
3		12.00		
4				

図8-4 セルに「12.00」と入力すると…、

	A	B	C	D
1				
2				
3		12		
4				

図8-5 小数点以下の0（ゼロ）が省略され、「12」だけが表示されます。

● 小数点以下の表示桁数

　　それでは、**小数点以下の表示桁数**を指定する方法を解説していきましょう。小数点以下の表示桁数は、[**ホーム**]**タブ**にある2つのアイコンで指定します。これらのアイコンをクリックするごとに、小数点以下の表示桁数が1桁ずつ増減していきます。

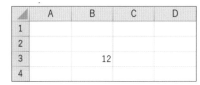

図8-6 表示桁数の指定

小数点以下の
表示桁数を増やす

小数点以下の
表示桁数を減らす

①セルを選択　　②このアイコンを2回クリック

図8-7 小数点以下の表示桁数を増やすときは、セルを選択してから（小数点以下の表示桁数を増やす）をクリックします。これを2回クリックすると、小数点以下の表示桁数を2桁増やすことができます。

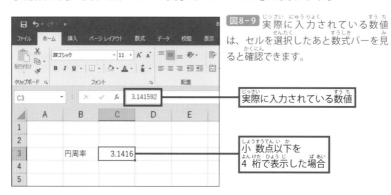

図8-8 選択していたセルの小数点以下の表示桁数が2桁増えます。

小 数点以下の表示が2桁増える

● 表示桁数と実際の数値

←.0 .00 （小数点以下の表示桁数を増やす）や .00 →.0 （小数点以下の表示桁数を減らす）は、あくまで「小数点以下の表示桁数」を変更するものであり、入力した数値そのものは変更されないことに注意してください。

たとえば、「3.141592」と入力したあと .00 →.0 を2回クリックすると、小数点以下第5位で四捨五入されて「3.1416」と表示されます。この場合も実際に保持されている数値は「3.141592」となります。このため、←.0 .00 を2回クリックして表示桁数を元に戻すと、セルの表示も「3.141592」に戻ります。

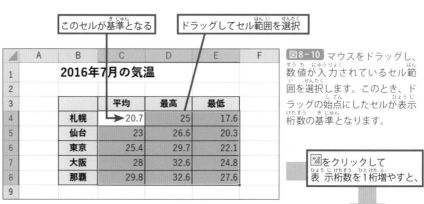

図8-9 実際に入力されている数値は、セルを選択したあと数式バーを見ると確認できます。

実際に入力されている数値

小 数点以下を4 桁で表示した場合

● セル範囲を選択してから桁数を変更

表内に数値がある場合は、小数点以下の表示桁数を統一すると表が見やすくなります。この手順は、数値が入力されているセル範囲を選択し、←.0 .00 （小数点以下の表示桁数を増やす）や .00 →.0 （小数点以下の表示桁数を減らす）をクリックして表示桁数を調整します。

このセルが基準となる

ドラッグしてセル範囲を選択

2016年7月の気温

	平均	最高	最低
札幌	20.7	25	17.6
仙台	23	26.6	20.3
東京	25.4	29.7	22.1
大阪	28	32.6	24.8
那覇	29.8	32.6	27.6

図8-10 マウスをドラッグし、数値が入力されているセル範囲を選択します。このとき、ドラッグの始点にしたセルが表示桁数の基準となります。

←.0 .00 をクリックして表 示桁数を1桁増やすと、

	平均	最高	最低
札幌	20.70	25.00	17.60
仙台	23.00	26.60	20.30
東京	25.40	29.70	22.10
大阪	28.00	32.60	24.80
那覇	29.80	32.60	27.60

図8-11 C4セルを基準にして表示桁数が増加するため、小数点以下の表示桁数は2桁になります。

をクリックして
表示桁数を1桁減らすと…、

	平均	最高	最低
札幌	20.7	25.0	17.6
仙台	23.0	26.6	20.3
東京	25.4	29.7	22.1
大阪	28.0	32.6	24.8
那覇	29.8	32.6	27.6

図8-12 表示桁数が1桁減り、小数点以下の表示桁数を1桁に統一できます。

演習

（1）ステップ07の演習（4）で保存したファイルを開き、「表の見出し」を中央揃えに変更してみましょう。

（2）表内の数値（C4～E8のセル範囲）を小数点以下1桁の表示に統一してみましょう。

	平均	最高	最低
札幌	20.7	25.0	17.6
仙台	23.0	26.6	20.3
東京	25.4	29.7	22.1
大阪	28.0	32.6	24.8
那覇	29.8	32.6	27.6

《作業後にファイルの上書き保存を行い、ファイルを更新しておきます》

セルの書式設定（1）

セルの表示形式を細かく指定したいときは、「セルの書式設定」を利用するのが基本です。続いては、「セルの書式設定」を使って表示形式や配置を指定する方法を解説します。

●「セルの書式設定」の呼び出し

まずは、「セルの書式設定」を表示する方法から解説します。もちろん、この場合も、書式を指定するセル（セル範囲）をあらかじめ選択しておく必要があります。

図9-1 書式を指定するセル（セル範囲）を選択します。

セル範囲を選択

いずれかをクリック

図9-2 ［ホーム］タブの「フォント」「配置」「数値」の領域にある □ をクリックします。

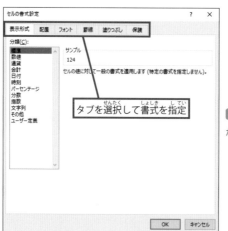

タブを選択して書式を指定

図9-3 「セルの書式設定」が表示されます。

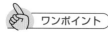

ワンポイント

［Ctrl］＋［1］キー
セルを選択したあと、［Ctrl］＋［1］キー（テンキーでない方の［1］キー）を押して「セルの書式設定」を呼び出すことも可能です。

「セルの書式設定」には全部で6つのタブが用意されています。続いては、各タブで指定できる書式について解説していきます。

●[表示形式]タブで指定できる書式

［表示形式］タブでは、選択しているセル（セル範囲）の表示形式を指定できます。以下に、よく利用する表示形式の設定画面を紹介しておくので、設定を変更するときの参考としてください。

◆「標準」の表示形式

図9-4 表示形式を「標準」に変更します。表示形式を最初の状態に戻すときに利用します。

◆「数値」の表示形式

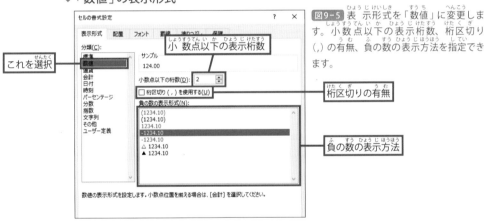

図9-5 表示形式を「数値」に変更します。小数点以下の表示桁数、桁区切り（,）の有無、負の数の表示方法を指定できます。

◆「通貨」の表示形式

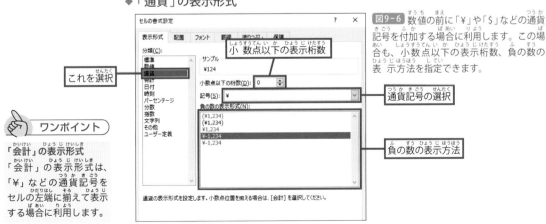

図9-6 数値の前に「¥」や「$」などの通貨記号を付加する場合に利用します。この場合も、小数点以下の表示桁数、負の数の表示方法を指定できます。

☞ ワンポイント

「会計」の表示形式
「会計」の表示形式は、「¥」などの通貨記号をセルの左端に揃えて表示する場合に利用します。

◆「日付」「時刻」の表示形式

図9-7 日付の表示方法を変更する場合に利用します。

図9-8 時刻の表示方法を変更する場合に利用します。

◆「パーセンテージ」の表示形式

図9-9 数値を百分率（％）で表示する場合に利用します。小数点以下の表示桁数も指定できます。

◆「文字列」の表示形式

図9-10 セルに入力した内容をそのまま画面に表示する場合に指定します。「＝」や「＋」などの記号で始まるデータを、そのままセルに表示させる場合などに利用します。

● [配置] タブで指定できる書式

[配置] タブでは、セルに入力した文字の配置を指定できます。ここでは「中央揃え」や「右揃え」といった配置方法のほか、文字を回転させて斜めに表示する配置方法も指定できます。

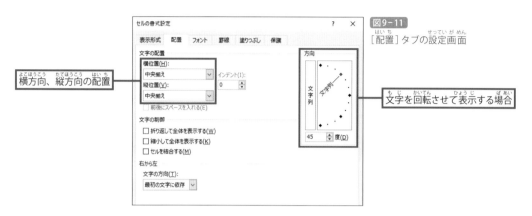

横方向、縦方向の配置

文字を回転させて表示する場合

図9-11
[配置] タブの設定画面

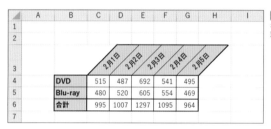

図9-12 文字を回転させて斜めに配置した場合の例。

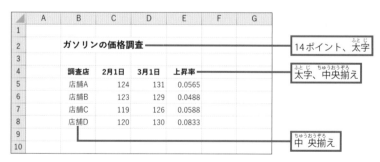

演 習

（1）Excelを起動し、以下のような表を作成してみましょう。

	A	B	C	D	E	F	G
1							
2		ガソリンの価格調査					
3							
4		調査店	2月1日	3月1日	上昇率		
5		店舗A	124	131	0.0565		
6		店舗B	123	129	0.0488		
7		店舗C	119	126	0.0588		
8		店舗D	120	130	0.0833		
9							
10							

14ポイント、太字

太字、中央揃え

中央揃え

（2）C5〜D8のセル範囲に「通貨」の表示形式を指定し、先頭に「¥」の通貨記号を表示してみましょう。

（3）C4〜D4のセル範囲に「日付」の表示形式を指定し、日付を「2 / 1」や「3 / 1」という形式で表示してみましょう。

（4）E5〜E8のセル範囲に「パーセンテージ」の表示形式を指定し、小数点以下第1位まで表示してみましょう。

《作業後は表をファイルに保存しておきます》

Step 10 セルの書式設定（2）

「セルの書式設定」には、文字の書式を指定したり、罫線や背景色を指定したりできるタブも用意されています。続いては、これらの書式を「セルの書式設定」で指定する方法を解説します。

●［フォント］タブで指定できる書式

「セルの書式設定」の［フォント］タブでは、フォントや文字サイズ、文字色、太字／斜体、下線などの書式に加えて、**取り消し線／上付き／下付き**といった書式を指定できます。

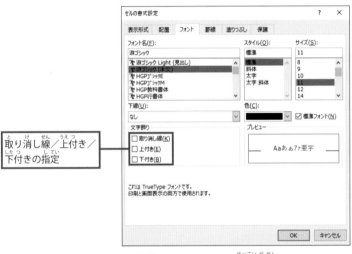

取り消し線／上付き／下付きの指定

図10-1 ［フォント］タブの設定画面

なお、セル内の一部の文字だけ書式を変更する場合は、その文字を**数式バー**で選択してから「セルの書式設定」で書式を指定します。

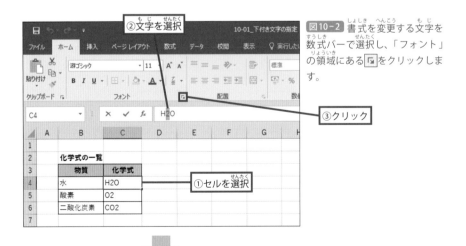

②文字を選択

③クリック

①セルを選択

図10-2 書式を変更する文字を数式バーで選択し、「フォント」の領域にある ▨ をクリックします。

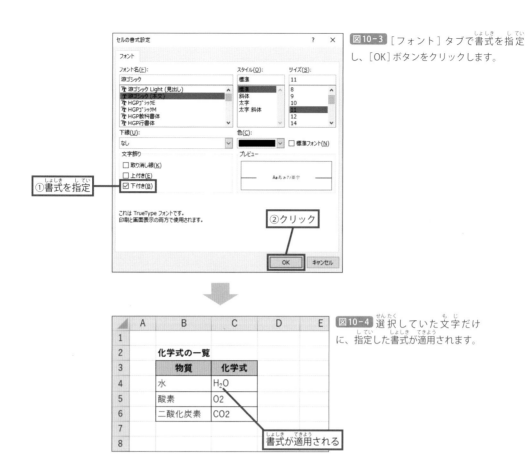

図10-3 [フォント] タブで書式を指定し、[OK] ボタンをクリックします。

①書式を指定

②クリック

図10-4 選択していた文字だけに、指定した書式が適用されます。

書式が適用される

● [罫線] タブで指定できる書式

　　　　[罫線] タブでは、選択しているセル (セル範囲) の罫線を指定できます。罫線を指定するときは、先にスタイルと色を選択してから、各ボタンをクリックして罫線の描画/消去を指定します。

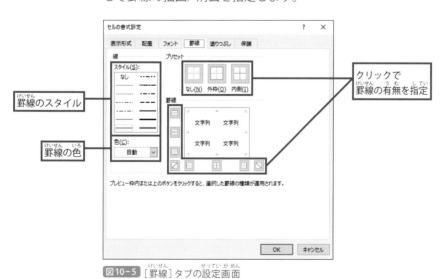

罫線のスタイル

罫線の色

クリックで罫線の有無を指定

図10-5 [罫線] タブの設定画面

たとえば、表の外枠に太線、表の内側に細線の罫線を描画するときは、以下のように操作します。

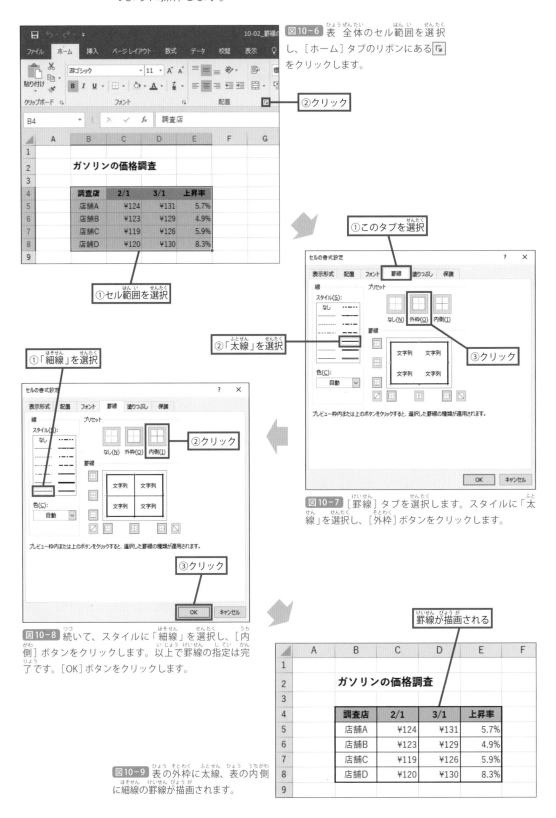

図10-6 表 全体のセル範囲を選択し、[ホーム] タブのリボンにある 🔲 をクリックします。

②クリック

①セル範囲を選択

①このタブを選択

②「太線」を選択

③クリック

①「細線」を選択

②クリック

③クリック

図10-7 [罫線] タブを選択します。スタイルに「太線」を選択し、[外枠]ボタンをクリックします。

罫線が描画される

図10-8 続いて、スタイルに「細線」を選択し、[内側] ボタンをクリックします。以上で罫線の指定は完了です。[OK]ボタンをクリックします。

図10-9 表の外枠に太線、表の内側に細線の罫線が描画されます。

● [塗りつぶし]タブで指定できる書式

[塗りつぶし]タブでは、セルの背景色(塗りつぶしの色)を指定できます。

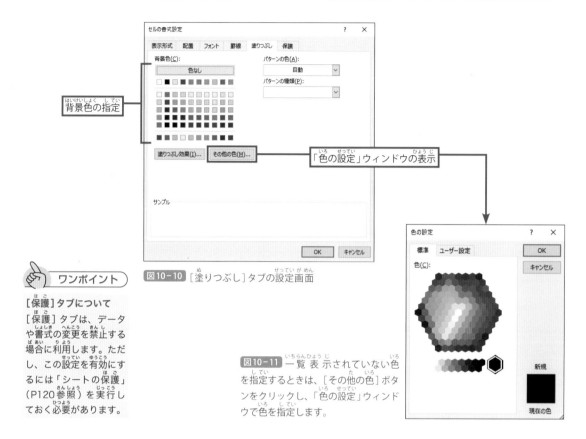

図10-10 [塗りつぶし]タブの設定画面

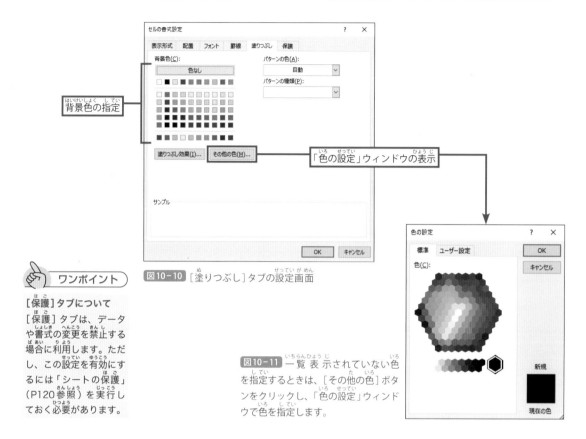

「色の設定」ウィンドウの表示

図10-11 一覧表示されていない色を指定するときは、[その他の色]ボタンをクリックし、「色の設定」ウィンドウで色を指定します。

☞ ワンポイント

[保護]タブについて
[保護]タブは、データや書式の変更を禁止する場合に利用します。ただし、この設定を有効にするには「シートの保護」(P120参照)を実行しておく必要があります。

演習

(1) ステップ09の演習(4)で保存したファイルを開き、「セルの書式設定」で以下のように罫線を指定してみましょう。

	A	B	C	D	E	F	G
1							
2		ガソリンの価格調査					
3							
4		調査店	2/1	3/1	上昇率		
5		店舗A	¥124	¥131	5.7%		
6		店舗B	¥123	¥129	4.9%		
7		店舗C	¥119	¥126	5.9%		
8		店舗D	¥120	¥130	8.3%		
9							
10							

二重線、青色

点線、青色

(2) 「セルの書式設定」を使って、B4～E4のセル範囲に好きな色の背景色を指定してみましょう。
※[塗りつぶし]タブの[その他の色]ボタンを使って背景色を指定します。
《作業後にファイルの上書き保存を行い、ファイルを更新しておきます》

Step 11 表の作成に役立つ機能

このステップでは、表を作成するときに覚えておくと便利な機能を紹介します。これらの機能は、表を素早く作成したり、思いどおりの形に表を加工したりするときに役立ちます。

● オートフィルの利用手順

オートフィルは、データや書式をコピーするときに便利に活用できる機能です。オートフィルを使ってコピーを行うときは、選択中のセルの右下にある⊞を上下左右にドラッグします。

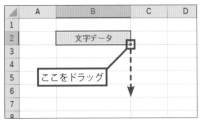

図11-1 コピー元となるセルを選択し、⊞をドラッグします。

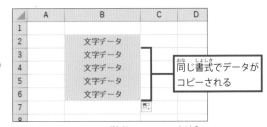

図11-2 ドラッグした範囲にデータと書式がコピーされます。

オートフィルを実行すると、画面に ⊞（**オートフィル オプション**）が表示されます。データまたは書式だけをコピーする場合は、ここでコピーする内容を指定します。

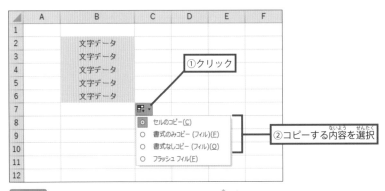

図11-3 オートフィル オプション

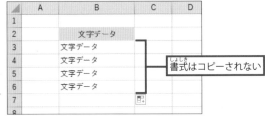

図11-4「書式なしコピー（フィル）」を選択すると、コピー元のセルに入力されていたデータだけをコピーできます。

●オートフィルで連続する数値、文字をコピー

オートフィルは、数値を含む文字や「月、火、水、木、…」のように規則性のある文字をコピーする場合にも活用できます。

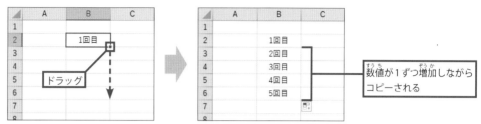

図11-5 数値が含まれる文字は、数値が1つずつ増加しながらデータのコピーが行われます。

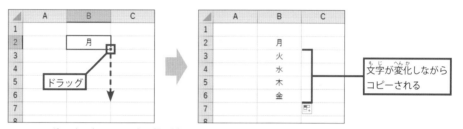

図11-6 「月、火、水、…」「子、丑、寅、…」「Jan、Feb、Mar、…」のように規則性のある文字をコピーすることも可能です。

なお、数値を1つずつ増加しながらコピーする場合は、オートフィルを実行したあと、⊞（オートフィル オプション）で「連続データ」を選択します。

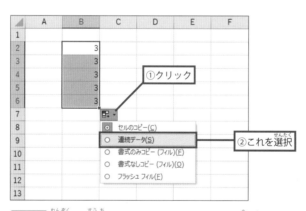

図11-7 連続した数値のコピー

●オートフィルでセル範囲をコピー

セル範囲を選択した状態でオートフィルを実行すると、元のセル範囲のデータを繰り返してコピーできます。こちらも便利な機能となるので、ぜひ覚えておいてください。

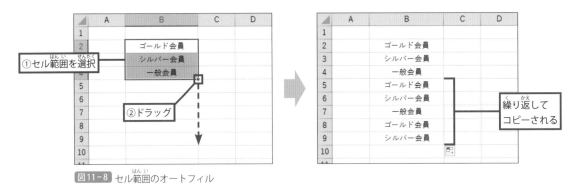

図11-8 セル範囲のオートフィル

●セルの結合

Excelには、複数のセルを1つのセルに結合する機能も用意されています。完全な格子状でない表を作成する場合などに活用してください。セルを結合するときは、圄（**セルを結合して中央揃え**）をクリックします。

図11-9 結合するセル範囲を選択し、圄（セルを結合して中央揃え）をクリックします。

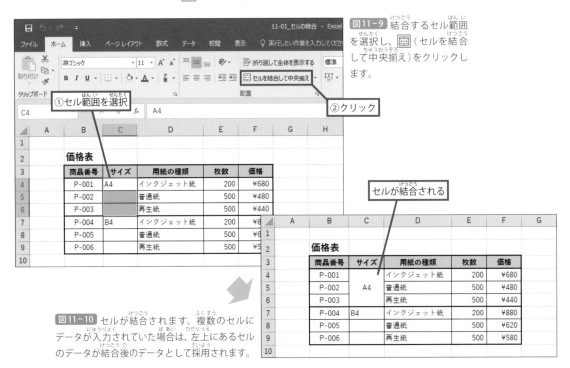

図11-10 セルが結合されます。複数のセルにデータが入力されていた場合は、左上にあるセルのデータが結合後のデータとして採用されます。

なお、結合したセルを元の状態（複数のセル）に戻すときは、再度圄（**セルを結合して中央揃え**）をクリックします。

● 折り返して全体を表示

セルに文章を入力するときは、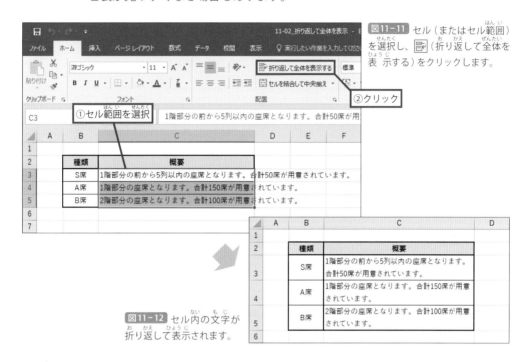（折り返して全体を表示する）を指定すると表が見やすくなる場合もあります。

図11-11 セル（またはセル範囲）を選択し、（折り返して全体を表示する）をクリックします。

図11-12 セル内の文字が折り返して表示されます。

演 習

（1）Excelを起動し、以下のような表を作成してみましょう。
　　※E4〜E9のセル範囲には「数値」、F4〜F9のセル範囲には「通貨」の表示形式を指定します。

14ポイント、太字

中央揃え

太字、中央揃え、背景色を指定

商品番号	サイズ	用紙の種類	枚数	価格
P-001	A4	インクジェット紙	200	¥680
		普通紙	500	¥480
		再生紙	500	¥440
	B4		200	¥880
			500	¥620
			500	¥580

価格表

（2）オートフィルを使ってB4セルをコピーし、B5〜B9のセル範囲に「P-002」〜「P-006」の文字を入力してみましょう。

（3）D4〜D6のセル範囲をオートフィルを使ってコピーし、D7〜D9に「インクジェット紙」〜「再生紙」の文字を入力してみましょう。

（4）C4〜C6ならびにC7〜C9のセルを結合して、1つのセルにしてみましょう。
　　《作業後は表をファイルに保存しておきます》

Step 12 ワークシートの操作

Excelは、1つのファイルで複数のワークシートを管理することも可能となっています。このステップでは、複数のワークシートを扱う方法について学習します。

●新しいワークシートの挿入

通常、Excelには「Sheet1」という名前の**ワークシート**が1枚だけ用意されています。ここに新しいワークシートを追加することも可能です。関連するデータを1つのExcelファイル（**Excelブック**）で管理したい場合などに活用するとよいでしょう。新しいワークシートを作成するときは、画面の左下にある ⊕（**新しいシート**）をクリックします。

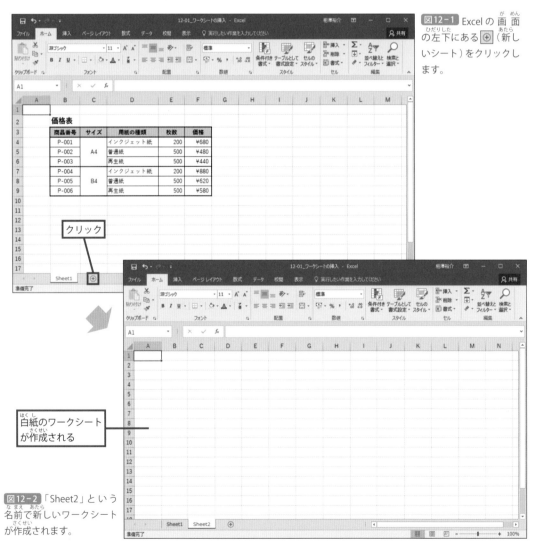

図12-1 Excelの画面の左下にある ⊕（新しいシート）をクリックします。

クリック

白紙のワークシートが作成される

図12-2 「Sheet2」という名前で新しいワークシートが作成されます。

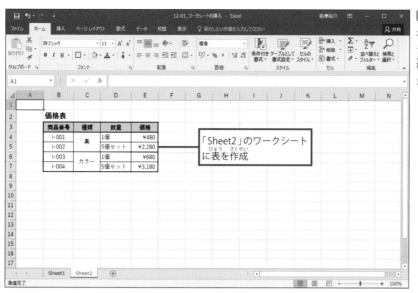

図12-3 新しく作成された「Sheet2」のワークシートも、これまでと同様の手順で表を作成できます。

「Sheet2」のワークシートに表を作成

同様の手順を繰り返して、3枚以上のワークシートを1つのExcelファイルで管理することも可能です。

●ワークシートの切り替え

複数のワークシートを作成した場合は、画面の左下にあるシート見出しをクリックして操作するワークシートを切り替えます。

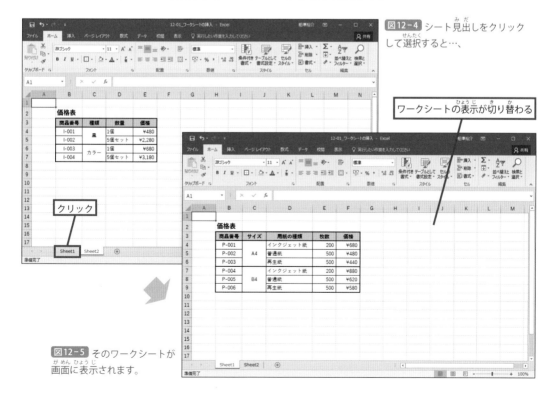

図12-4 シート見出しをクリックして選択すると…、

ワークシートの表示が切り替わる

クリック

図12-5 そのワークシートが画面に表示されます。

● ワークシートの削除

P50〜51の操作とは逆に、不要なワークシートを削除することも可能です。ワークシートを削除するときは、以下のように操作します。

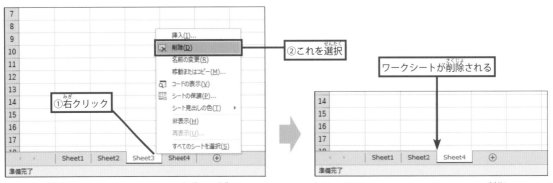

図12-6 削除するワークシートのシート見出しを右クリックし、「削除」を選択します。

図12-7 Excelブックからワークシートが削除されます。

● ワークシートの並べ替え

Excelブックにあるワークシートは、その順番を自由に並べ替えられます。ワークシートの順番を並べ替えるときは、シート見出しを左右にドラッグします。

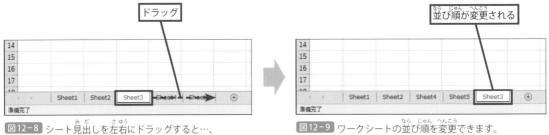

図12-8 シート見出しを左右にドラッグすると…、

図12-9 ワークシートの並び順を変更できます。

● ワークシート名の変更

複数のワークシートを利用するときは、各ワークシートに名前を付けておくと便利です。ワークシートの名前は以下のように操作して変更します。

図12-10 シート見出しをダブルクリックします。

図12-11 キーボードを使って新しい名前を入力します。

●シート見出しの色変更

何枚ものワークシートを利用するときは、シート見出しを色分けしておくと、ワークシートを整理しやすくなります。シート見出しの色は、以下のように操作すると変更できます。

シート見出しの色
選択中のワークシートは、シート見出しが白く表示される仕組みになっています。シート見出しの色を確認するときは、他のワークシートを選択するようにしてください。

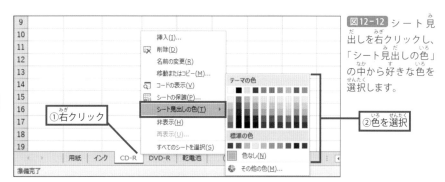

図12-12 シート見出しを右クリックし、「シート見出しの色」の中から好きな色を選択します。

①右クリック

②色を選択

色が変更される

図12-13 他のシート見出しをクリックすると、シート見出しの色が変更されているのを確認できます。

演 習

（1）ステップ11の演習（4）で保存したファイルを開き、新しいワークシート（Sheet2）に以下のような表を作成してみましょう。

14ポイント、太字

	A	B	C	D	E	F
1						
2		価格表				
3		商品番号	種類	数量	価格	
4		I-001	黒	1個	¥480	
5		I-002		5個セット	¥2,280	
6		I-003	カラー	1個	¥680	
7		I-004		5個セット	¥3,180	
8						
9						

太字、中央揃え、背景色を指定

中央揃え

（2）さらに、新しいワークシート（Sheet3）を作成してみましょう。

（3）先ほど作成した「Sheet3」のワークシートを削除してみましょう。

（4）「Sheet1」のシート名を「用紙」、「Sheet2」のシート名を「インク」に変更してみましょう。

《作業後にファイルの上書き保存を行い、ファイルを更新しておきます》

Step 13 ワークシートの印刷（1）

これまでのステップで表の作成に関連する操作をひととおり解説できました。続いては、作成した表をプリンターで印刷するときの操作手順を学習します。

● 印刷プレビューの確認

作成した表を印刷するときは、はじめに**印刷プレビュー**で印刷イメージを確認しておくのが基本です。印刷プレビューは、以下のように操作すると表示できます。

このタブを選択

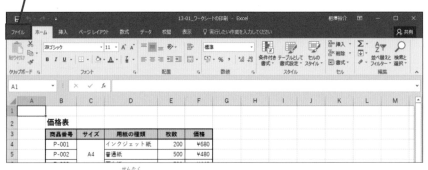

図13-1 ［ファイル］タブを選択します。

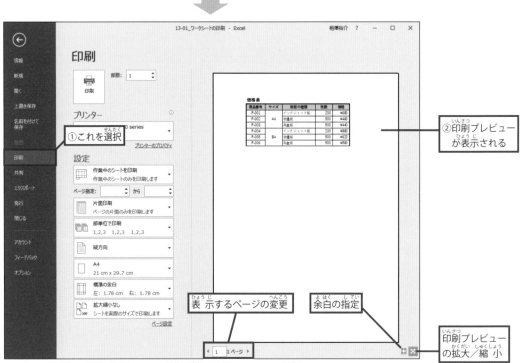

①これを選択

②印刷プレビューが表示される

表示するページの変更

余白の指定

印刷プレビューの拡大／縮小

図13-2 「印刷」の項目を選択すると、画面右側に印刷プレビューが表示されます。

● 印刷の設定

印刷プレビューの左側には、印刷に関連する設定項目が並んでいます。続いては、各項目で設定する内容について解説します。

ワンポイント

印刷プレビューの終了
画面の左上にある⊖をクリックすると、通常の編集画面に戻り、印刷プレビューを終了することができます。

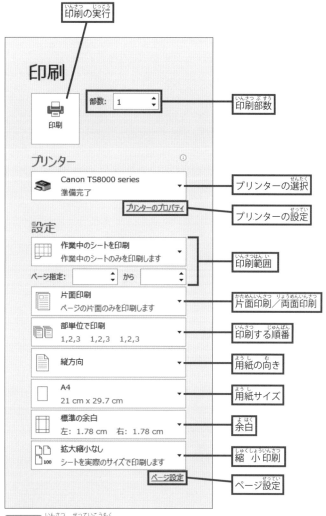

図13-3 印刷の設定項目

◆ 印刷部数

各ページを印刷する枚数を数値で指定します。たとえば、5枚ずつ印刷する場合は、ここに「5」と入力します。

◆ プリンターの選択

印刷に使用するプリンターを選択します。

◆ 印刷範囲
印刷する範囲を指定します。

図13-4 印刷範囲の指定

・作業中のシートを印刷
現在選択しているワークシートを印刷します。

・ブック全体を印刷
Excel ブック内にある全てのワークシートを印刷します。

・選択した部分を印刷
あらかじめ選択しておいたセル範囲だけを印刷します。

◆ 片面印刷／両面印刷
用紙の片面だけに印刷するか、もしくは両面に印刷するかを指定します。

◆ 印刷する順番
2部以上の印刷を指定した場合に、各ページを印刷する順番を指定します。

◆ 用紙の向き／用紙サイズ／余白
用紙の向き、サイズ、余白の大きさを変更できます。

◆ 縮小印刷
表が用紙に収まるように、全体を縮小して印刷します。表が分割されて印刷されるのを避ける場合などに利用します。

図13-5 縮小印刷の指定

◆ ページ設定
「ページ設定」の画面が表示されます。この画面は、拡大／縮小して印刷するときの印刷倍率を指定したり、余白を細かく指定したりする場合などに活用します。

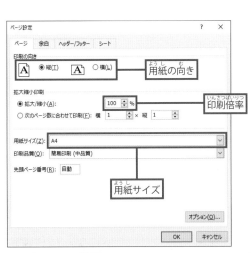

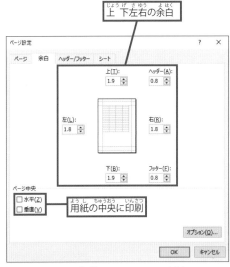

上 下左右の余白

用紙の向き

印刷倍率

用紙サイズ

用紙の中央に印刷

図13-6 「ページ設定」ウィンドウの［ページ］タブ

図13-7 「ページ設定」ウィンドウの［余白］タブ

● 印刷の実行

印刷に関連する設定を全て指定できたら［印刷］ボタンをクリックして文書の印刷を開始します。以上で、印刷に関する一連の作業は完了となります。

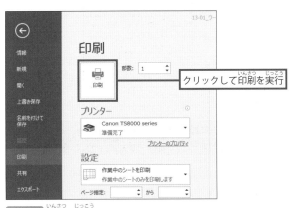

クリックして印刷を実行

図13-8 印刷の実行

演 習

(1) ステップ12の演習（4）で保存したファイルを開き、「用紙」のワークシートの印刷プレビューを確認してみましょう。

(2) 用紙サイズをA4（横）に変更し、余白を「狭い」に変更してみましょう。

(3) 続いて、印刷倍率を180%に拡大してみましょう。

(4) 演習（2）～（3）で指定した設定で印刷を実行してみましょう。

※印刷を実行するには、パソコンとプリンターを接続し、プリンターのセットアップを済ませておく必要があります。詳しくはプリンターの取扱説明書を参照してください。

ワークシートの印刷（2）

サイズが大きい表を印刷するときは、各ページに印刷する範囲を指定してから印刷を実行するのが基本です。続いては、ページ レイアウトや改ページ プレビューの使い方を学習します。

●ページ レイアウトで印刷イメージを確認

1枚の用紙に収まらない大きな表を印刷するときは、画面 表 示をページ レイアウトに切り替えると、どこで表が分割されるかを確認しやすくなります。

図14-1 画面の右下にある（ページ レイアウト）をクリックし、画面の表示方法を切り替えます。

クリック

ルーラーが不要な場合

表 示倍率を縮 小

図14-2 セルが用紙ごとに分割されて表示されます。このとき、画面の表示倍率を小さくすると、全体の分割イメージを確認しやすくなります。また、[表示]タブで「ルーラー」のチェックを外すと、ルーラー（定規）が非 表示になり画面を広く使えるようになります。

●改ページ プレビューで改ページ位置を変更

ページ レイアウトで分割イメージを確認した結果、思いどおりの位置でページが分割されていなかった場合は、改ページ プレビューでページを区切る位置を変更します。

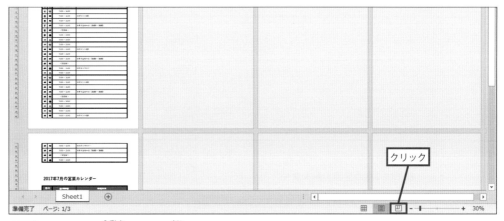

クリック

図14-3 ウィンドウの右下にある □ (改ページ プレビュー)をクリックします。

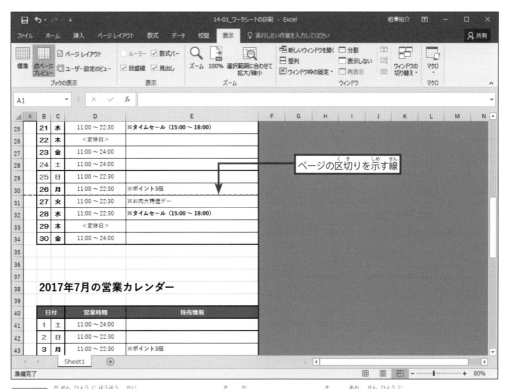

ページの区切りを示す線

図14-4 画面の表示方法が改ページ プレビューに切り替わり、ページの区切りが青い線で表示されます。

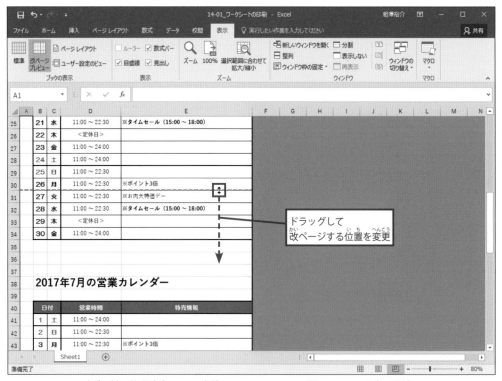

図14-5 ページを区切る青い線を上下（または左右）にドラッグすると、改ページする位置を変更できます。

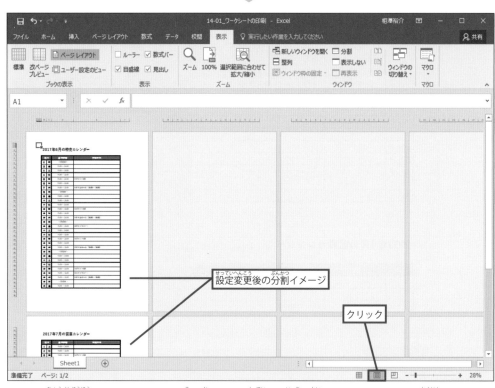

図14-6 表示方法をページ レイアウトに切り替えると、指定した位置で改ページされていることを確認できます。

●改ページの挿入

改ページ プレビューでは、改ページする位置の変更だけでなく、新たに改ページを追加することも可能です。

図14-7 新たに改ページを追加する場合は、セルを右クリックし、「改ページの挿入」を選択します。

図14-8 右クリックしたセルが用紙の左上になるように改ページが追加されます。もちろん、追加した改ページもマウスのドラッグで位置を変更することが可能です。

●印刷の実行

改ページする位置を指定できたら、画面の右下にある 囲（標準）をクリックして画面表示を通常の状態に戻します。「標準」の表示方法では改ページ位置が灰色の点線で表示されますが、点線をドラッグしても改ページ位置を移動することはできません。あとはステップ13で解説した手順で印刷を実行するだけです。これで思いどおりの位置でページを区切って印刷できるようになります。

演 習

（1）以下のURLからExcelファイルをダウンロードし、「ページ レイアウト」の表示方法で印刷イメージを確認してみましょう。

　　※Excel ファイルのダウンロード URL
　　　http://www.cutt.jp/books/excel2016_833/

（2）画面の表示方法を「改ページ プレビュー」に変更し、図14-5のように改ページする位置を変更してみましょう。

（3）表示方法を「ページ レイアウト」に戻し、印刷の分割イメージが変更されていることを確認してみましょう。

（4）画面の表示方法を「標準」に戻したあと、印刷を実行してみましょう。

Step 15

数式の入力

Excelには、セルに入力した数値をもとに計算を行う機能が用意されています。ここからは、Excelでさまざまな計算を行うときの操作方法を解説していきます。まずは、セルに数式を入力する方法を学習します。

● 数式の入力と演算記号

セルに**数式**を入力するときは、最初に「＝」（イコール）の文字を入力します。続いて「5＋3」のように数式を入力して［Enter］キーを押すと、その計算結果がセルに表示されます。

 ワンポイント

全角／半角の区別
数式の入力に使用する文字は、半角／全角のどちらでも構いません。全角文字で数式を入力すると、自動的に半角文字に変換されます。

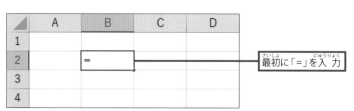

図15-1 数式を入力するセルを選択し、「＝」（イコール）の文字を入力します。

 ワンポイント

計算の順序
数学の場合と同様に、Excelでも「掛け算」「割り算」が「足し算」「引き算」より先に計算される決まりになっています。「足し算」や「引き算」を先に計算する場合は、その前後をカッコで囲む必要があることに注意してください。

図15-2 続けて数式を入力し、［Enter］キーを押すと…、

図15-3 入力した数式の計算結果が表示されます。

計算方法	演算記号
足し算	＋
引き算	－
掛け算	＊
割り算	／
べき乗	^
カッコ	（ ）

なお、Excelで使用できる演算記号は、左に示した表のようになります。掛け算（×）や割り算（÷）は、「＊」や「／」で記述することに注意してください。

●セルの表示と実際に入力されている内容

前ページのように「＝5＋3」と入力して［Enter］キーを押すと、その計算結果である「8」がセルに表示されます。ただし、セルに入力した内容が「＝5＋3」から「8」に変化した訳ではないことに注意してください。セルに入力されている内容はあくまで数式であり、計算結果ではありません。

図15-4 実際に入力されている内容は、セルを選択したあと数式バーを見ると確認できます。

実際に入力されている内容（数式）

セルには計算結果だけが表示される

●セルを参照した数式

数式の便利なところは、他のセルに入力されている数値を利用して計算することも可能なことです。他のセルを参照した数式を入力するときは、「C3」のように列番号 → 行番号の順番でセルを指定します。

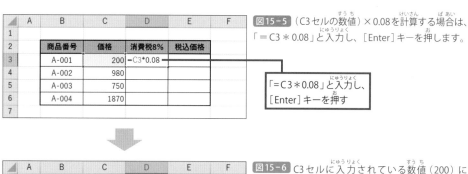

図15-5 （C3セルの数値）×0.08を計算する場合は、「＝C3＊0.08」と入力し、［Enter］キーを押します。

「＝C3＊0.08」と入力し、［Enter］キーを押す

図15-6 C3セルに入力されている数値（200）に0.08を乗算した計算結果が表示されます。

計算結果が表示される

図15-7 「＝C3＋D3」のように、数式の計算結果（D3セル）をさらに参照する数式を入力することも可能です。

「＝C3＋D3」と入力したときの計算結果

●数式のオートフィル

ワンポイント

オートフィルオプション
数式の場合も書式コピーのあり／なしをオートフィル オプションで指定できます。

セルに入力した数式は、**オートフィル**を使ってコピーすることも可能です。この場合、数式内にあるセル参照は自動修正されてコピーされます。たとえば、下方向へコピーを行った場合、数式内のセル参照は、C4、C5、C6、……のように1行ずつ下のセルに変更されていきます。同様に、右方向へコピーした場合はC4、D4、E4、……のようにセル参照が1列ずつ右のセルに変更されていきます。

	A	B	C	D	E	F
1						
2		商品番号	価格	消費税8%	税込価格	
3		A-001	200	16	216	
4		A-002	980	78.4		
5		A-003	750	60		
6		A-004	1870	149.6		
7						

図15-8 数式を入力したあと、セルの右下にある┼をドラッグし、オートフィルを使ってコピーを実行します。

オートフィルで「=C3+D3」をコピー

	A	B	C	D	E	F
1						
2		商品番号	価格	消費税8%	税込価格	
3		A-001	200	16	216	
4		A-002	980	78.4	1058.4	
5		A-003	750	60	810	
6		A-004	1870	149.6	2019.6	
7						

=C4+D4
=C5+D5
=C6+D6

図15-9 数式内のセル参照が自動修正されながら数式がコピーされていきます。

●行や列の挿入、削除を行った場合

行や列の挿入、削除を行ったときも、それに応じて数式内のセル参照が自動修正されます。たとえば、E5セルに「=C5+D5」と入力した状態で、4行目と5行目の間に行を挿入すると、数式が「=C6+D6」に自動修正されます。このため、通常は自分で数式を修正する必要はありません。

	A	B	C	D	E	F
1						
2		商品番号	価格	消費税8%	税込価格	
3		A-001	200	16	216	
4		A-002	980	78.4	1058.4	
5		A-003	750	60	810	
6		A-004	1870	149.6	2019.6	
7						
8						

図15-10 4行目と5行目の間に行を挿入すると…、

=C3+D3
=C4+D4
=C5+D5
=C6+D6

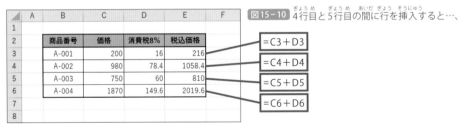

	A	B	C	D	E	F
1						
2		商品番号	価格	消費税8%	税込価格	
3		A-001	200	16	216	
4		A-002	980	78.4	1058.4	
5						
6		A-003	750	60	810	
7		A-004	1870	149.6	2019.6	
8						

=C3+D3
=C4+D4
=C6+D6
=C7+D7

図15-11 その行より下にある数式のセル参照が自動修正されます。

●計算結果の表示形式

計算結果として表示される数値は、**表示形式**で小数点以下の桁数などを指定することが可能です。指定方法は通常のセルと同じで、🔢や🔢または「**セルの書式設定**」で表示形式を指定します。

図15-12 「セルの書式設定」を使うと、数式が入力されているセルの表示形式を詳しく指定できます。

小数点以下の表示桁数

「数値」または「通貨」を指定するのが一般的

図15-13 指定した表示形式に従って計算結果が表示されます。小数点以下の桁数に「0」を指定した場合は、1/10の位を四捨五入した結果が表示されます。

	商品番号	価格	消費税8%	税込価格
A-001		¥200	¥16	¥216
A-002		¥980	¥78	¥1,058
A-003		¥750	¥60	¥810
A-004		¥1,870	¥150	¥2,020

「通貨」(小数点以下0桁)を指定した場合

演習

(1) 以下のような表を作成し、E3セルに小計(単価×個数)を計算する数式を入力してみましょう。

	品名	単価	個数	小計
	ボールペン	100	15	
	ノート	150	15	
	三角定規	240	10	
	セロテープ	120	5	
	輪ゴム	180	1	

(2) オートフィルを使って、E3セルに入力した数式をE4〜E7のセル範囲にコピーしてみましょう。

(3) C3〜C7ならびにE3〜E7のセル範囲の表示形式を「通貨」に変更してみましょう。

(4) 「ボールペン」の「個数」(D3セル)を「20」に変更してみましょう。

《作業後は表をファイルに保存しておきます》

関数の利用（1）

Excelには、さまざまな計算を簡単に実行できる関数が用意されています。関数を使うと複雑な数式を入力しなくても合計や平均などを算出できます。ここからは、関数の利用方法について学習していきます。

● 関数とは…？

数式を使うと、さまざまな計算を実行できます。たとえば「＝E3＋E4＋E5＋E6」と入力すると、E3〜E6の合計を算出できます。同様に「＝（E3＋E4＋E5＋E6）／4）」でE3〜E6の平均値を求めることも可能です。ただし、これと同じ方法で何十個ものセルの合計や平均を求めるには長い数式を記述する必要があり、気が遠くなってしまいます。

このような場合は関数を利用すると便利です。Excelには、「合計を求める関数」「平均を求める関数」など、計算方法ごとに数多くの関数が用意されています。そのほか「最大値を求める関数」のように、数式では記述できない関数も用意されています。

● 合計を求める関数の入力

まずは、最も使用頻度が高い合計を求める関数の入力方法から解説します。合計を求める関数SUMは、［ホーム］タブにある∑（オートSUM）のアイコンをクリックすると入力できます。

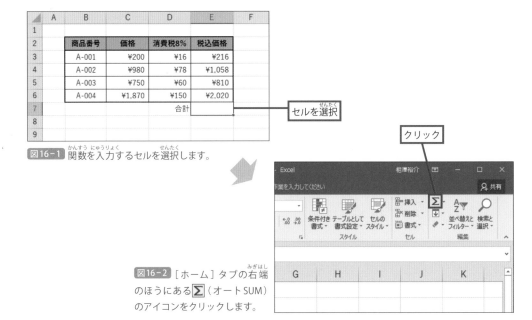

図16-1 関数を入力するセルを選択します。

図16-2 ［ホーム］タブの右端のほうにある∑（オートSUM）のアイコンをクリックします。

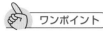ワンポイント

合計するセル範囲
合計するセル範囲は自動的に識別されますが、このセル範囲が必ずしも正しいとは限りません。セル範囲に誤りがある場合は、参照するセル範囲を自分で指定しなおす必要があります（P68参照）。

図16-3 合計を求める関数SUMが入力され、合計するセル範囲が点線で囲まれて表示されます。

合計するセル範囲

図16-4 そのまま［Enter］キーを押すと関数の入力が確定され、計算結果（合計）が表示されます。

合計が表示される

●平均、数値の個数、最大値、最小値を求める関数

Σ（オートSUM）の▼をクリックすると、以下のような一覧が表示されます。この中から計算方法を指定して関数を入力することも可能です。たとえば、「平均を求める関数」を入力する場合は、一覧から「平均」を選択します。以降の操作手順は、合計を求める関数SUMの場合と同じです。

クリック

図16-5 Σ（オートSUM）の▼をクリックすると、このような一覧が表示されます。

入力する関数を選択

この一覧にある関数は、それぞれ以下の計算を行う関数となります。

合計 ⋯⋯⋯⋯⋯⋯ セル範囲の**合計**を算出します。
平均 ⋯⋯⋯⋯⋯⋯ セル範囲の**平均**を算出します。
数値の個数 ⋯⋯⋯ セル範囲の中で数値が**入力されている**セルが何個あるかを表示します。
最大値 ⋯⋯⋯⋯⋯ セル範囲の中にある数値のうち**最大の数値**を求めます。
最小値 ⋯⋯⋯⋯⋯ セル範囲の中にある数値のうち**最小の数値**を求めます。

●参照するセル範囲の変更

$\sum$（オートSUM）を使って関数を入力すると、参照するセル範囲が自動識別されます。ただし、このセル範囲が必ずしも正しいとは限りません。セル範囲（点線で囲まれた範囲）に誤りがある場合は、以下のように操作してセル範囲を修正しなければいけません。

図16-6 関数を入力すると、参照するセル範囲が点線で囲まれて表示されます。まずは、これを確認します。

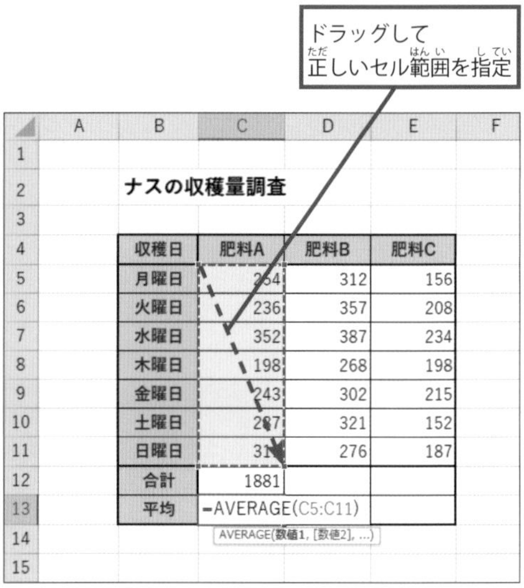

参照するセル範囲を確認

ドラッグして正しいセル範囲を指定

図16-7 セル範囲に誤りがある場合は、正しいセル範囲をマウスのドラッグで指定します。すると、参照するセル範囲（点線で囲まれたセル範囲）が修正されます。

図16-8 ［Enter］キーを押すと関数の入力が確定され、計算結果が表示されます。

計算結果が表示される

●参照するセル範囲の再指定

関数の入力を確定したあとで、関数が参照するセル範囲を変更することも可能です。セル範囲の指定を間違えてしまった場合は、以下のように操作してセル範囲を修正します。

図16-9 関数が入力されているセルをダブルクリックします。

ダブルクリック

ここをドラッグして
セル範囲を変更

図16-10 関数が参照するセル範囲が青線で囲まれて表示されます。この四隅にある╋をドラッグすると、関数が参照するセル範囲を変更できます。その後、[Enter]キーを押して修正を確定します。

演 習

（1）以下のような表を作成し、**C12**セルに**合計を求める関数**を入力してみましょう。

※C5〜C11のセル範囲の合計を求めます。

	A	B	C	D	E	F
1						
2		ナスの収穫量調査				
3						
4		収穫日	肥料A	肥料B	肥料C	
5		月曜日	254	312	156	
6		火曜日	236	357	208	
7		水曜日	352	387	234	
8		木曜日	198	268	198	
9		金曜日	243	302	215	
10		土曜日	287	321	152	
11		日曜日	311	276	187	
12		合計				
13		平均				
14						

（2）**C13**セルに**平均を求める関数**を入力してみましょう。

※C5〜C11のセル範囲の平均を求めます。

《作業後は表をファイルに保存しておきます》

Step 17

関数の利用（2）

続いては、関数の仕組みやセルに関数を直接入力する方法を学習します。そのほか、関数のオートフィルや関数をキーワードで検索して利用する方法も紹介します。

●関数の構成

関数は関数名と引数（ひきすう）で構成されており、「＝関数名（引数）」という形式で記述します。引数には、計算の実行に必要となる数値やセル範囲などを指定します。たとえば「合計を求める関数」の場合、関数名は「SUM」、引数は「合計するセル範囲」となります。

関数の構成

●関数をセルに直接入力

 ワンポイント

引数が複数ある場合
関数によっては、複数の引数が必要になる場合もあります。この場合は、それぞれの引数を「,」（カンマ）で区切って記述します。

関数名や引数に記述すべき内容がわかっているときは、セルに関数を直接入力しても構いません。引数にセル範囲を指定するときは、「最初のセル」と「最後のセル」を「：」（コロン）で区切って記述します。

	A	B	C	D	E	F
1						
2		ナスの収穫量調査				
3						
4		収穫日	肥料A	肥料B	肥料C	
5		月曜日	254	312	156	
6		火曜日	236	357	208	
7		水曜日	352	387	234	
8		木曜日	198	268	198	
9		金曜日	243	302	215	
10		土曜日	287	321	152	
11		日曜日	311	276	187	
12		合計	=SUM(C5:C11)			
13		平均				
14						
15						

図17-1 セルに関数を直接入力するときは、「＝関数名（引数）」という形式で文字を入力します。

「＝関数名（引数）」と入力

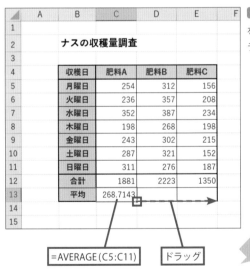

| C12 | | : | × | ✓ | f_x | =SUM(C5:C11) |

セルに入力されている関数

	A	B	C	D	E	F
1						
2		ナスの収穫量調査				
3						
4		収穫日	肥料A	肥料B	肥料C	
5		月曜日	254	312	156	
6		火曜日	236	357	208	
7		水曜日	352	387	234	
8		木曜日	198	268	198	
9		金曜日	243	302	215	
10		土曜日	287	321	152	
11		日曜日	311	276	187	
12		合計	1881			
13		平均				
14						
15						

図17-2 ［Enter］キーを押すと関数の入力が確定され、計算結果がセルに表示されます。なお、セルに入力した関数は、数式バーを見ると確認できます。

計算結果が表示される

● 関数のオートフィル

　　数式の場合と同様に、関数をオートフィルでコピーすることも可能です。関数の場合は、カッコ内に記した引数が自動修正されて関数がコピーされます。たとえば、右方向へコピーした場合は、引数のセル参照やセル範囲が1列ずつ右のセルに変更されてコピーされます。

図17-3 関数が入力されているセルを選択し、セルの右下にある■をドラッグします。

=AVERAGE(C5:C11)　　ドラッグ

図17-4 引数のセル範囲（またはセル参照）が自動修正されながら、関数がコピーされていきます。

=AVERAGE(D5:D11)　　=AVERAGE(E5:E11)

●関数を検索して入 力

これまでに紹介してきた関数のほかにも、Excelには数多くの関数が用意され
ています。記 述 方法がよくわからない関数を使用するときは、[**数式**] タブに
ある「**関数の挿入**」を使うと、関数をキーワードで検索できます。
ここでは操作手順の例として、「割り算の余りを求める関数」を入力する方法
を解説します。

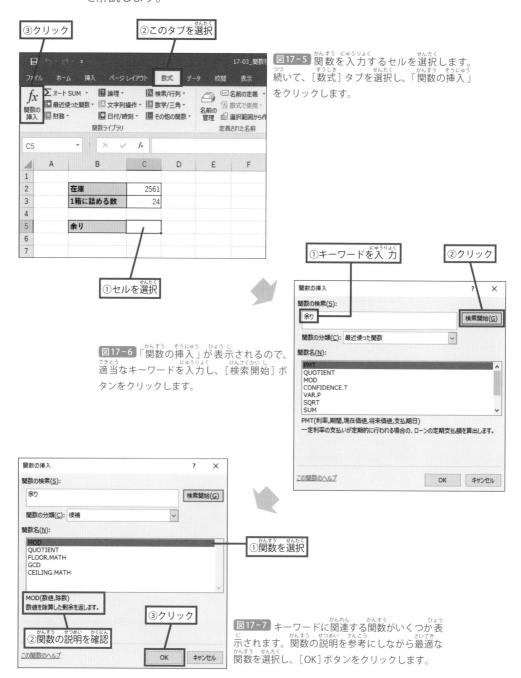

図17-5 関数を入力するセルを選択します。
続いて、[数式] タブを選択し、「関数の挿入」
をクリックします。

図17-6 「関数の挿入」が表示されるので、
適当なキーワードを入力し、[検索開始] ボ
タンをクリックします。

図17-7 キーワードに関連する関数がいくつか表
示されます。関数の説明を参考にしながら最適な
関数を選択し、[OK] ボタンをクリックします。

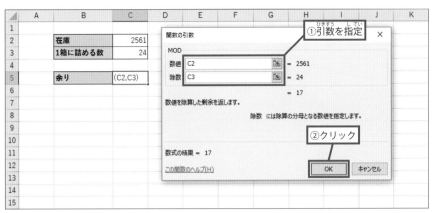

図17-8 引数を指定する画面が表示されるので、画面の指示に従って引数を指定し、[OK]ボタンをクリックします。

ヘルプの参照
引数の入力方法がよくわからない場合は、引数を指定する画面を閉じ、[F1]キーを押してヘルプを表示します。続いて、関数名をキーワードにヘルプの検索を行うと、その関数の詳しい説明や使い方を参照できます。

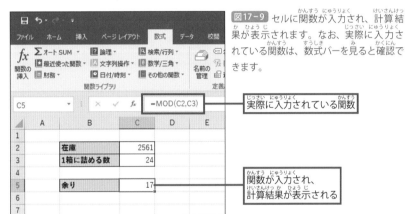

図17-9 セルに関数が入力され、計算結果が表示されます。なお、実際に入力されている関数は、数式バーを見ると確認できます。

実際に入力されている関数

関数が入力され、計算結果が表示される

演 習

(1) ステップ16の演習(2)で保存したファイルを開き、C12〜C13の関数をD12〜E13にオートフィルでコピーしてみましょう。

(2) C5〜E13のセル範囲に「数値」の表示形式を指定してみましょう。さらに、「平均」の計算結果(C13〜E13)を小数点以下第1位まで表示するように変更してみましょう。
《作業後にファイルの上書き保存を行い、ファイルを更新しておきます》

(3) 以下のような表を作成し、C4セルに「平方根を求める関数」を入力してみましょう。
※「平方根」をキーワードに関数を検索します。
※C3セルに入力されている数値の平方根を求めます。

	A	B	C	D	E
1					
2		正方形の面積			
3		面積	478		
4		一辺の長さ			
5					
6					

関数の利用（3）

Excelには、条件に応じて異なる処理を行う関数も用意されています。少し特殊な関数となりますが、便利に活用できる場合もあるので使い方を覚えておいてください。

● 関数IFの概要

関数IFは特定の計算を行う関数ではなく、与えられた条件に応じて異なる処理を実行する関数となります。たとえば、E10セルの数値が10,000以下であれば「予算内」と表示し、そうでない場合は「予算オーバー」と表示させる。このような分岐処理を行う場合に活用できるのが関数IFとなります。

図18-1 E10セルの数値が10,000以下であった場合は、関数IFが入力されているセル（E12セル）に「予算内」と表示されます。

図18-2 E10セルの数値が10,000より大きくなると、関数IFが入力されているセル（E12セル）に「予算オーバー」と表示されます。

● 条件（論理式）の記述方法

関数IFを利用するには、処理を分岐させるための条件を指定しなければいけません。この条件は比較演算子を使って次ページのように記述します。なお、条件に文字を指定するときは、その文字の前後を「"」（ダブルクォーテーション）で囲む必要があることに注意してください。

比較演算子	記述例	条件の意味
=	C5=10	C5セルの数値が10の場合
	C5="会員"	C5セルの文字が「会員」の場合
>	C5>10	C5セルの数値が10より大きい場合
<	C5<10	C5セルの数値が10より小さい場合
>=	C5>=10	C5セルの数値が10以上の場合
<=	C5<=10	C5セルの数値が10以下の場合
<>	C5<>10	C5セルの数値が10でない場合
	C5<>"会員"	C5セルの文字が「会員」でない場合

● 条件に応じて異なる文字を表示

それでは、関数IFの使い方を解説していきます。関数IFでは、論理式、真の場合、偽の場合という3つの引数を指定します。論理式には、比較演算子を使って条件を記述します。続いて、条件に合うときの処理（真の場合）、条件に合わないときの処理（偽の場合）を順番に「,」（カンマ）で区切って記述します。

 ワンポイント

関数の直接入力
「関数の挿入」を使わずにセルに直接関数を入力しても構いません。この場合は、「=IF(論理式,真の場合,偽の場合)」という形式で関数を記述します。

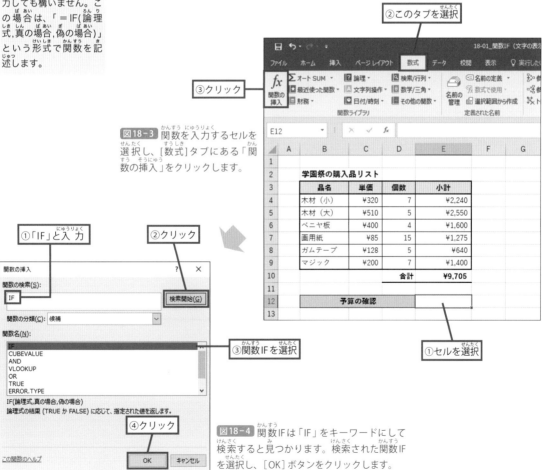

②このタブを選択
③クリック

図18-3 関数を入力するセルを選択し、[数式]タブにある「関数の挿入」をクリックします。

①「IF」と入力
②クリック
③関数IFを選択
④クリック

図18-4 関数IFは「IF」をキーワードにして検索すると見つかります。検索された関数IFを選択し、[OK]ボタンをクリックします。

①セルを選択

学園祭の購入品リスト

品名	単価	個数	小計
木材（小）	¥320	7	¥2,240
木材（大）	¥510	5	¥2,550
ベニヤ板	¥400	4	¥1,600
画用紙	¥85	15	¥1,275
ガムテープ	¥128	5	¥640
マジック	¥200	7	¥1,400
		合計	¥9,705

予算の確認

条件を入力

図18-5 引数を指定する画面が表示されるので、最初に［論理式］に条件を入力します。今回は「E10セルの数値が10,000以下」という条件を指定するので、「E10＜＝10000」と入力します。

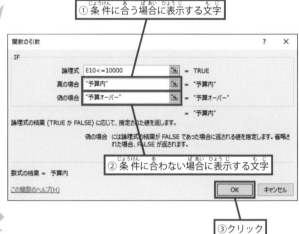

① 条件に合う場合に表示する文字

② 条件に合わない場合に表示する文字

③クリック

図18-6 続いて、［真の場合］および［偽の場合］のときに表示する文字を「"」で囲って入力します。全て入力できたら、[OK]ボタンをクリックします。

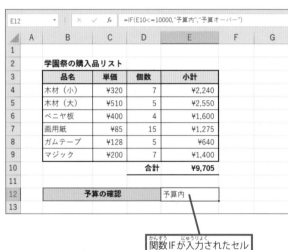

関数IFが入力されたセル

図18-7 関数IFの入力が完了し、E12セルに条件に応じた文字が表示されます。今回の例の場合、E10セルの数値が変化すると、それに応じてE12セルに表示される文字が変化します。

● 条件に応じて計算方法を変化させる

関数IFは、条件に応じて異なる計算を行う場合にも活用できます。ここでは、C5セルの文字が「会員」の場合は単価80円、そうでない場合は単価100円で小計を計算する場合を例に、関数IFの入力手順を解説します。

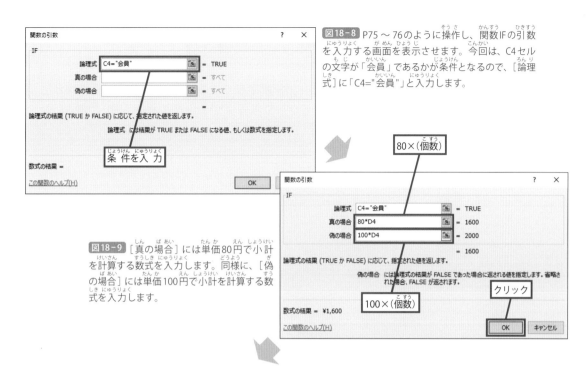

図18-8 P75～76のように操作し、関数IFの引数を入力する画面を表示させます。今回は、C4セルの文字が「会員」であるかが条件となるので、[論理式]に「C4="会員"」と入力します。

図18-9 [真の場合]には単価80円で小計を計算する数式を入力します。同様に、[偽の場合]には単価100円で小計を計算する数式を入力します。

図18-10 関数IFの入力が完了し、条件に応じた計算結果が表示されます。あとはオートフィルを使って関数IFをコピーしていくと、そのつど数式を入力しなくても正しい計算結果を得られる表が完成します。

演習

（1）以下の図のような表を作成し、上記の解説を参考にE4セルに「割引後料金」を計算する関数IFを入力してみましょう。

※種別が「学生」の場合は3割引、「一般」の場合は1割引の料金を関数IFで計算します。

※あらかじめD4～E8のセル範囲に「通貨」の表示形式を指定しておきます。

	A	B	C	D	E	F	G
1							
2		利用料金の一覧					
3		No.	種別	通常料金	割引後料金		
4		1	一般	¥1,500			
5		2	学生	¥2,800			
6		3	学生	¥1,500			
7		4	一般	¥3,200			
8		5	一般	¥2,000			
9							

（2）演習（1）で入力した関数IFをオートフィルを使ってE5～E8にコピーしてみましょう。

（3）C8セルのデータを「学生」に変更すると、「割引後料金」（E8セル）の計算結果が変化することを確認してみましょう。

Step 19 グラフの作成と編集（1）

Excelには、入力したデータを基にグラフを作成する機能が用意されています。続いては、Excelでグラフを作成するときの操作手順について学習します。

● グラフの作成

　ワークシートに作成した表を基に、棒グラフや折れ線グラフ、円グラフなどの**グラフ**を作成したい場合もあると思います。このような場合は、Excelに用意されているグラフ作成機能を使って以下のように操作すると、グラフを手軽に作成できます。

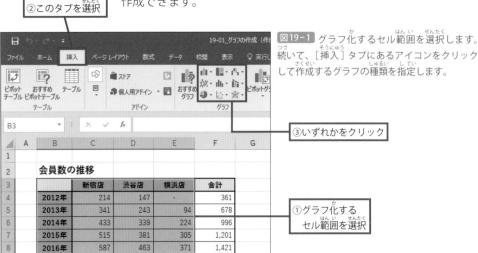

図19-1 グラフ化するセル範囲を選択します。続いて、[挿入] タブにあるアイコンをクリックして作成するグラフの種類を指定します。

②このタブを選択

③いずれかをクリック

①グラフ化するセル範囲を選択

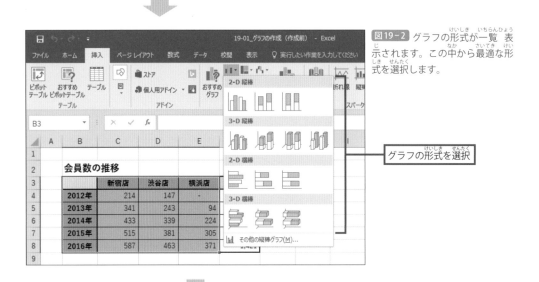

図19-2 グラフの形式が一覧表示されます。この中から最適な形式を選択します。

グラフの形式を選択

グラフの自動更新

グラフの基となる表で文字や数値を変更すると、その変更がグラフにも自動的に反映されます。よって、表内のデータを変更したときにグラフを作成しなおす必要はありません。

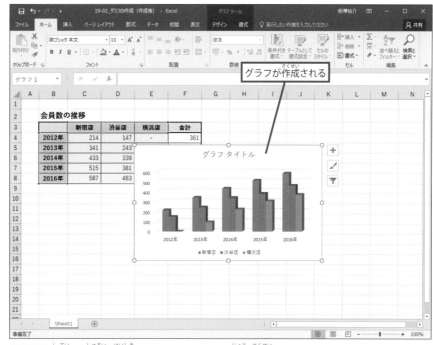

図19-3 指定した種類、形式のグラフがワークシート上に作成されます。

● グラフの移動とサイズ変更

グラフの削除

作成したグラフを削除するときは、グラフの枠線をクリックしてグラフ全体を選択し、[Delete]キーを押します。

作成したグラフは、その位置とサイズを自由に変更できます。グラフの位置を移動するときは、グラフを囲む枠線をドラッグします。また、グラフの四隅にあるハンドルをドラッグすると、グラフのサイズを拡大／縮小できます。

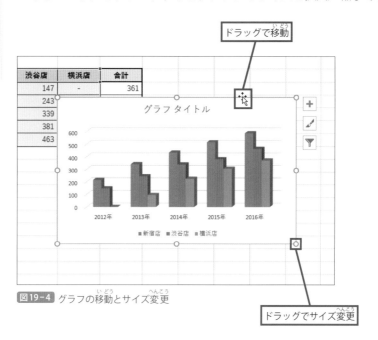

図19-4 グラフの移動とサイズ変更

● グラフの種類の変更

グラフを作成したあとで、グラフの種類や形式を変更したくなる場合もあると思います。このような場合は**グラフ ツール**の［**デザイン**］**タブ**にある「**グラフの種類の変更**」を利用します。

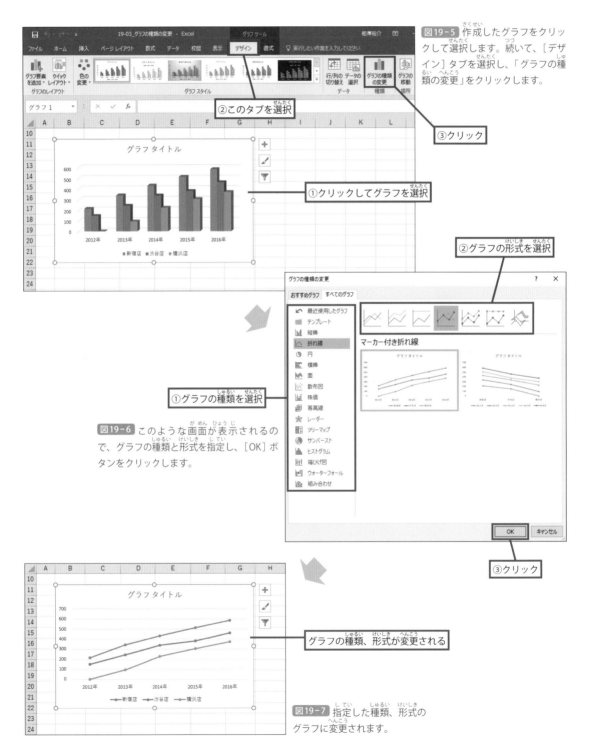

図19-5 作成したグラフをクリックして選択します。続いて、［デザイン］タブを選択し、「グラフの種類の変更」をクリックします。

②このタブを選択

③クリック

①クリックしてグラフを選択

②グラフの形式を選択

①グラフの種類を選択

図19-6 このような画面が表示されるので、グラフの種類と形式を指定し、［OK］ボタンをクリックします。

③クリック

グラフの種類、形式が変更される

図19-7 指定した種類、形式のグラフに変更されます。

80

●行と列の関係の入れ替え

　　基データが入力されている表の行と列の関係を入れ替えたグラフを作成することも可能です。この場合は、P78 ～ 79に示した手順でグラフを作成したあとに、以下のように操作します。

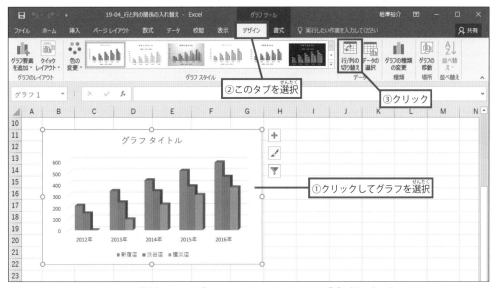

図19-8 グラフをクリックして選択します。続いて、[デザイン]タブにある「行／列の切り替え」をクリックします。

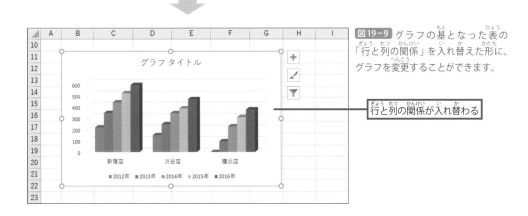

図19-9 グラフの基となった表の「行と列の関係」を入れ替えた形に、グラフを変更することができます。

行と列の関係が入れ替わる

演 習

(1) 図19-1のように表を作成し、**B3 ～ E8**のセル範囲を基に「**3-D 積み上げ横棒**」のグラフを作成してみましょう。
　　※C4 ～ F8のセル範囲に「数値」(桁区切り有)の表示形式を指定します。
(2) 演習(1)で作成したグラフの種類、形式を「**3-D 集合縦棒**」に変更してみましょう。
(3) グラフの位置とサイズを調整し、表の下にグラフを配置してみましょう。
　　《作業後は表とグラフをファイルに保存しておきます》

グラフの作成と編集（2）

作成したグラフは、用途に合わせて表示する要素を変更したり、デザインを変更したりすることが可能です。続いては、グラフをカスタマイズする方法を学習します。

● 表示するグラフ要素の指定

グラフをクリックして選択すると、右側に3つのアイコンが表示されます。これらのうち、一番上にある ➕（**グラフ要素**）は、グラフ内に表示する要素を変更するときに利用します。

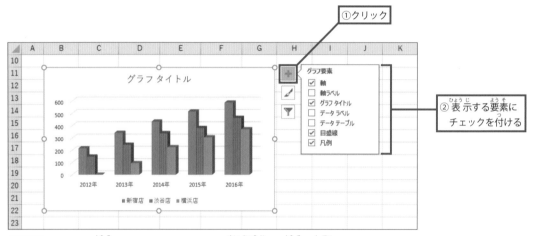

図20-1 ➕（グラフ要素）をクリックすると、グラフ内に表示する要素を指定できます。

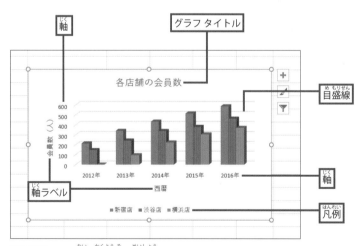

図20-2 グラフ内の各要素の名称

もちろん、**グラフ タイトル**と**軸ラベル**の文字は、グラフの内容に合わせて好きな文字に変更することが可能です。

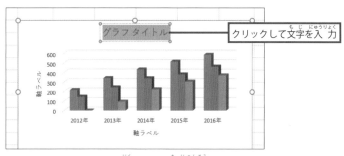

図20-3 グラフ タイトルと軸ラベルの文字変更

データラベルやデータテーブルをチェックした場合は、各データの数値を以下の図のようにグラフ内に示すことができます。

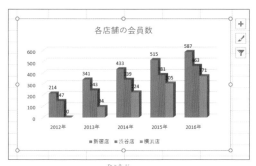

図20-4 データラベルの表示

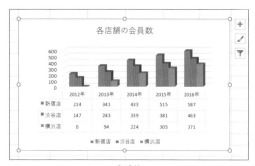

図20-5 データテーブルの表示

●グラフ要素の配置

グラフ内にある各要素の配置は、「グラフ要素を追加」のコマンドでも指定できます。このコマンドを利用した場合は、各要素の表示/非表示だけでなく、位置も指定できるようになります。

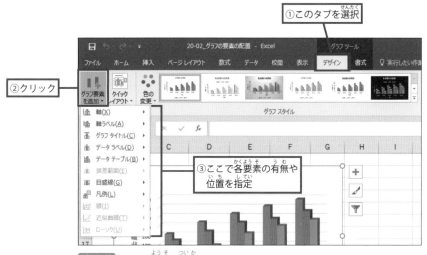

図20-6 「グラフ要素を追加」コマンド

たとえば、凡例を右側に配置したり、縦軸にだけ軸ラベルを表示したりすることが可能です。

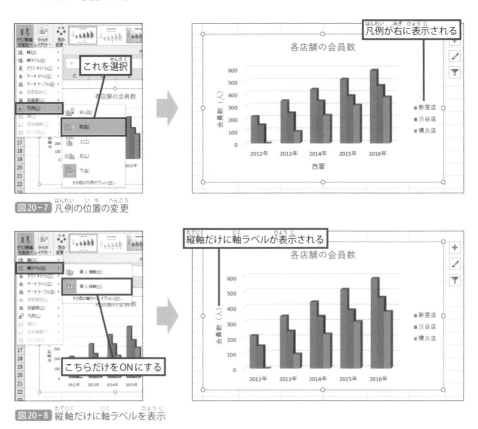

図20-7 凡例の位置の変更

図20-8 縦軸だけに軸ラベルを表示

●グラフ スタイルの変更

Excelには、グラフ全体のデザインを手軽に変更できる　（グラフ スタイル）が用意されています。この機能を使ってグラフのデザインを変更するときは、以下のように操作します。

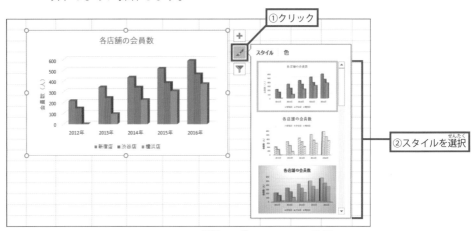

図20-9 　（グラフ スタイル）をクリックし、一覧から好きなデザインを選択します。

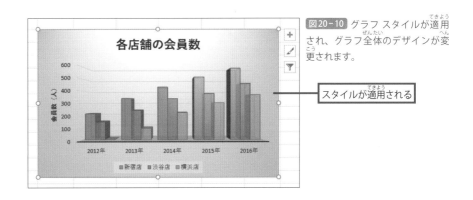

図20-10 グラフ スタイルが適用され、グラフ全体のデザインが変更されます。

スタイルが適用される

●グラフ フィルターの活用

グラフの右側に表示されている ▼（**グラフ フィルター**）のアイコンは、表内の一部のデータだけをグラフ化したい場合に利用します。このアイコンをクリックして除外したい項目のチェックを外すと、そのデータを除いたグラフに変更することができます。

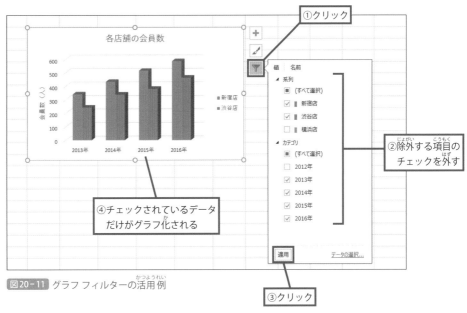

①クリック

②除外する項目の
チェックを外す

④チェックされているデータ
だけがグラフ化される

③クリック

図20-11 グラフ フィルターの活用例

演習

（1）ステップ19の演習（3）で保存したファイルを開き、グラフ タイトルの文字を「**各店舗の会員数**」に変更してみましょう。

（2）縦軸に軸ラベルを表示し、その文字を「**会員数（人）**」に変更してみましょう。
※「グラフ要素を追加」のコマンドを使用し、縦軸だけに軸ラベルを表示します。

（3）凡例の位置をグラフの**右側**に変更してみましょう。

（4）グラフに「**スタイル9**」のグラフ スタイルを適用してみましょう。
《作業後にファイルの上書き保存を行い、ファイルを更新しておきます》

Step 21 グラフの作成と編集（3）

続いては、グラフの色を変更したり、各要素の書式を細かく指定したりする方法を学習します。グラフを自由に加工できるように、さまざまなカスタマイズ方法を覚えておいてください。

● 色の変更

グラフ全体の配色を変更するときは、グラフ ツールの［デザイン］タブにある「**色の変更**」を利用すると便利です。この一覧から好きな色の組み合わせを選択すると、グラフ全体の配色を手軽に変更できます。

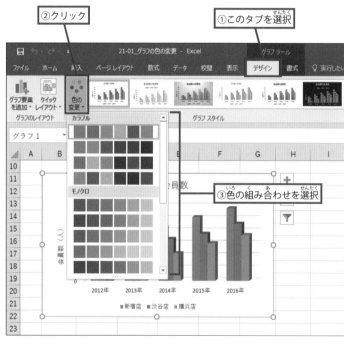

②クリック

①このタブを選択

③色の組み合わせを選択

図21-1 グラフをクリックして選択します。続いて、［デザイン］タブにある「色の変更」をクリックし、一覧の中から好きな色の組み合わせを選択します。

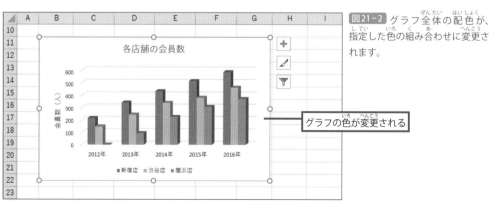

各店舗の会員数

グラフの色が変更される

図21-2 グラフ全体の配色が、指定した色の組み合わせに変更されます。

86

● 各系列の色の変更

グラフの**各系列の色**を個別に指定することも可能です。この場合は、右クリックメニューの「**塗りつぶし**」を使って色を指定します。

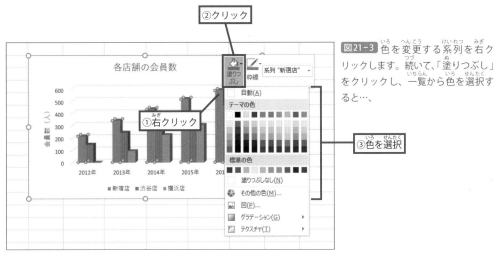

図21-3 色を変更する系列を右クリックします。続いて、「塗りつぶし」をクリックし、一覧から色を選択すると…、

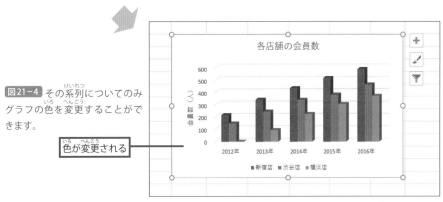

図21-4 その系列についてのみグラフの色を変更することができます。

なお、「折れ線グラフ」などの線の書式を変更するときは、「**枠線**」をクリックして線の色、太さ、種類を指定します。

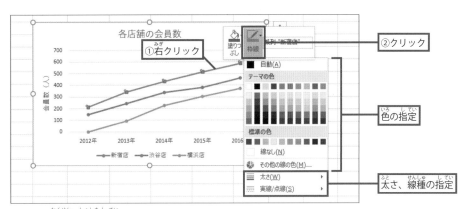

図21-5 枠線の書式指定

●書式設定画面の表示

グラフ内にある各要素を右クリックして「○○の書式設定」を選択すると、その要素の書式を細かく指定できる設定画面が表示されます。

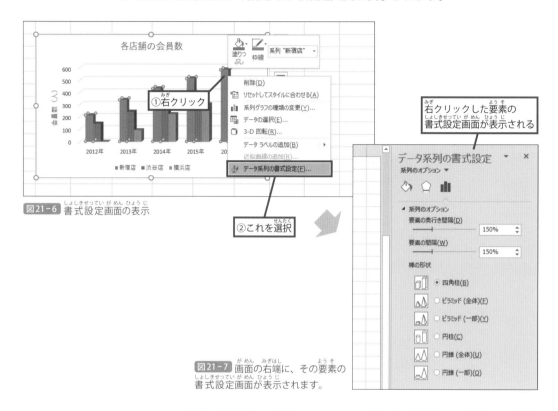

図21-6 書式設定画面の表示

図21-7 画面の右端に、その要素の書式設定画面が表示されます。

たとえば、縦軸（数値軸）を右クリックして「軸の書式設定」を選択した場合は、以下の図のような設定画面が表示され、軸の最大値／最小値や目盛線の間隔などを指定できるようになります。

ワンポイント

補助目盛線の表示
グラフ内に補助目盛線を表示するには、「グラフ要素を追加」で補助目盛線の表示をONにしておく必要があります（P83～84参照）。

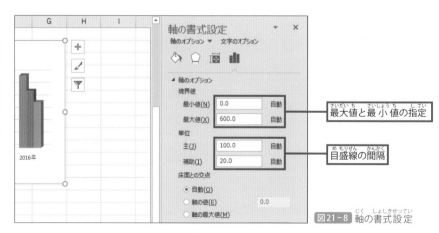

図21-8 軸の書式設定

このほかにも各要素の書式設定画面には、さまざまな設定項目が用意されています。気になる方は、実際に操作しながら各自で研究してみてください。

88

●グラフ内の文字の書式

グラフタイトルや軸ラベル、凡例に表示されている文字の書式を変更することも可能です。これらの書式は[ホーム]タブのリボンを使って指定します。

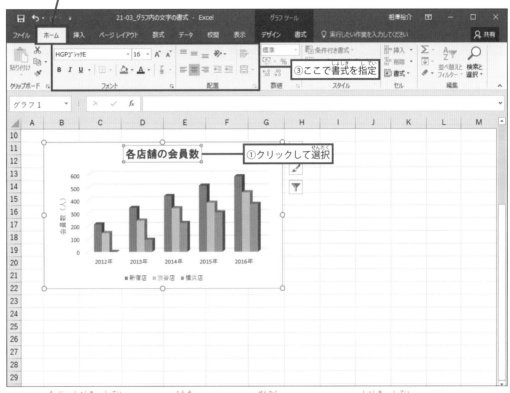

図21-9 文字の書式を指定するときは、要素をクリックして選択し、[ホーム]タブで書式を指定します。

グラフ タイトルや軸ラベルの文字は、文字単位で書式を指定することも可能です。この場合は、マウスをドラッグして対象とする文字を選択してから[ホーム]タブで書式を指定します。

演 習

(1) ステップ20の演習(4)で保存したファイルを開き、[デザイン]タブにある「色の変更」を使ってグラフ全体の色を「モノクロ パレット6」(緑系の配色)に変更してみましょう。
(2) 続いて、「横浜店」のデータ系列の色を「赤」に変更してみましょう。
(3) 「軸の書式設定」を使って補助目盛の間隔を「25」に変更し、グラフ内に補助目盛線を表示してみましょう。
(4) さらに、目盛線の色を「黄」に変更してみましょう。
《作業後にファイルの上書き保存を行い、ファイルを更新しておきます》

Step 21　グラフの作成と編集(3) **89**

Step 22

テーマとスタイル

Excelには、表やグラフの雰囲気を簡単に変更できるテーマが用意されています。また、「セルのスタイル」を使って、各セルのデザインを手軽に指定することも可能です。

● テーマの変更

テーマは配色やフォントをまとめて管理できる機能で、表やグラフの雰囲気を変更する場合に利用します。そのほか、立体表示されているグラフの効果を変更する場合にもテーマが活用できます。テーマを変更するときは以下のように操作します。

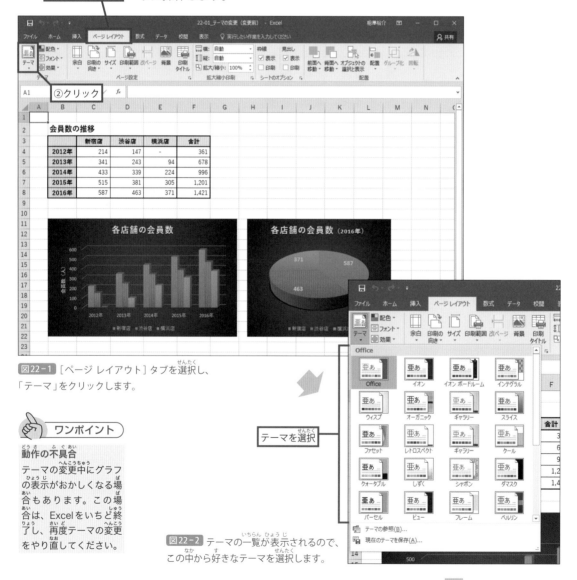

①このタブを選択

②クリック

	新宿店	渋谷店	横浜店	合計
2012年	214	147	-	361
2013年	341	243	94	678
2014年	433	339	224	996
2015年	515	381	305	1,201
2016年	587	463	371	1,421

会員数の推移

各店舗の会員数

各店舗の会員数（2016年）

図22-1 ［ページ レイアウト］タブを選択し、
「テーマ」をクリックします。

テーマを選択

図22-2 テーマの一覧が表示されるので、
この中から好きなテーマを選択します。

ワンポイント

動作の不具合
テーマの変更中にグラフの表示がおかしくなる場合もあります。この場合は、Excelをいちど終了し、再度テーマの変更をやり直してください。

図22-3 配色、フォント、効果がまとめて変更され、表とグラフの雰囲気が変化します。

● テーマの影響を受けるフォントと色

テーマを変更した際にフォントが変更されない場合もあります。これは、テーマの影響を受けないフォントを指定していることが原因です。テーマに応じて変化するフォントは、**本文**および**見出し**のフォントだけです。同様に、テーマに応じて変化する色は**テーマの色**に分類されている色となります。テーマを利用する際は、このような仕組みがあることにも注意してください。

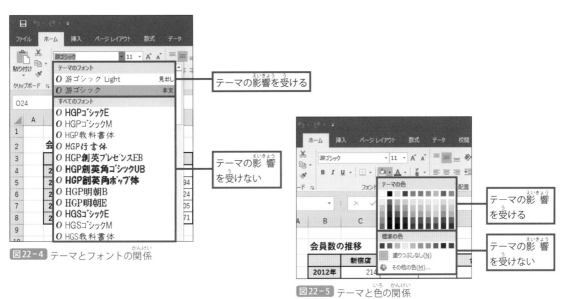

図22-4 テーマとフォントの関係

図22-5 テーマと色の関係

配色、フォント、効果の変更

表やグラフの配色、フォント、効果を個別に変更することも可能です。この場合は、［ページ レイアウト］タブにある以下のコマンドを利用します。

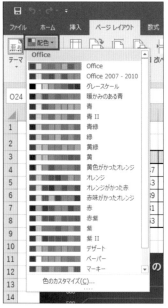

図22-6 配色の変更

図22-7 フォントの変更

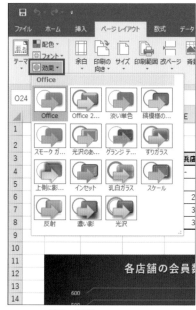

図22-8 効果の変更

セルのスタイル

ワークシート全体ではなく、一部のセルだけデザインを変更したい場合は、「セルのスタイル」を利用すると便利です。「セルのスタイル」を使うと、文字色や背景色などの書式をまとめて変更できます。

図22-9 デザインを変更するセル（セル範囲）を選択し、［ホーム］タブを選択します。

②このタブを選択

①セル範囲を選択

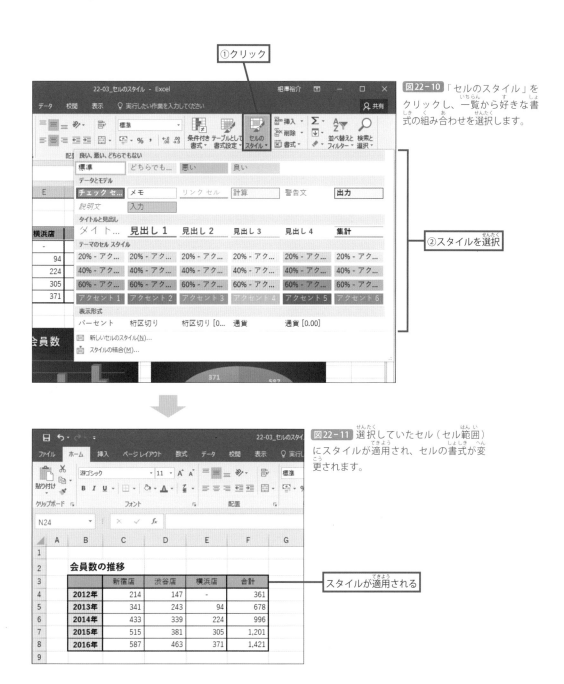

①クリック

図22-10 「セルのスタイル」を
クリックし、一覧から好きな書
式の組み合わせを選択します。

②スタイルを選択

図22-11 選択していたセル（セル範囲）
にスタイルが適用され、セルの書式が変
更されます。

スタイルが適用される

- 演 習 -

（1）ステップ21の演習（4）で保存したファイルを開き、テーマを「インテグラル」に変更してみましょ
　　う。
（2）続いて、テーマを「ダマスク」に変更し、グラフのサイズを再調整してみましょう。
（3）今度は、効果だけを「すりガラス」に変更してみましょう。
（4）B3～F3およびB4～B8のセル範囲に「アクセント6」のセルのスタイルを適用してみましょう。
　　《作業後にファイルの上書き保存を行い、ファイルを更新しておきます》

Step 23

データの並べ替え

Excelには、表のデータを数値順や50音順に並べ替える機能が用意されています。並べ替え機能は、作成した表を整理したり、データを分析したりする場合に活用できます。

●データを数値順に並べ替える

ワンポイント

[ホーム]タブの利用
「昇順」と「降順」のコマンドは、[ホーム]タブにも用意されています。こちらをクリックして並べ替えを実行しても構いません。

表内のデータを並べ替えるときは、[データ]タブにある ↓↑(昇順)または ↑↓ (降順)をクリックします。各アイコンをクリックしたときの数値の並び順は、それぞれ以下のとおりです。

↓↑(昇順)……… 数値が小さい順に並べ替えられる
↑↓(降順)……… 数値が大きい順に並べ替えられる

たとえば、図23-1の表を「面積」の大きい順に並べ替えるときは、以下のように操作します。

②このタブを選択

③クリック

①セルを1つだけ選択

図23-1 表内で「面積」の列にあるセルを1つだけ選択します。続いて、[データ]タブにある ↑↓(降順)をクリックします。

No.	都道府県	面積（km²）
1	北海道	83,424.22
2	青森県	9,645.40
3	岩手県	15,275.01
4	宮城県	7,282.14
5	秋田県	11,637.54
6	山形県	9,323.15
7	福島県	13,783.75
8	茨城県	6,096.93
9	栃木県	6,408.09
10	群馬県	6,362.28
11	埼玉県	3,797.75
12	千葉県	5,157.64
13	東京都	2,190.90
14	神奈川県	2,415.81
15	新潟県	12,584.10
16	富山県	4,247.61
17	石川県	4,186.15
18	福井県	4,190.43
19	山梨県	4,464.99

都道府県の面積（平成27年国勢調査より）

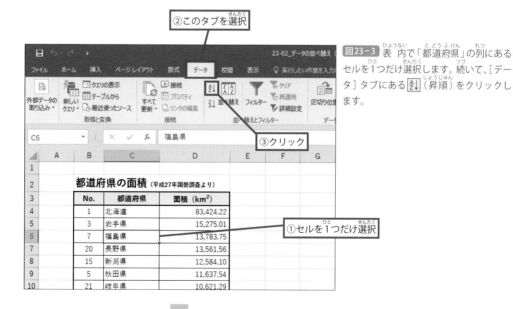

ワンポイント

整理番号の活用
右の表を「No.」（B列）を基準に並べ替えると、表を元の並び順に戻すことができます。データの並び順を特定の順番に戻したいときは、この例のように整理番号を付加しておくと便利に活用できます。

図23-2 「面積」の大きい順にデータが並べ替えられます。

	A	B	C	D	E	F
1						
2		都道府県の面積 (平成27年国勢調査より)				
3		No.	都道府県	面積（km²）		
4		1	北海道	83,424.22		
5		3	岩手県	15,275.01		
6		7	福島県	13,783.75		
7		20	長野県	13,561.56		
8		15	新潟県	12,584.10		
9		5	秋田県	11,637.54		
10		21	岐阜県	10,621.29		
11		2	青森県	9,645.40		
12		6	山形県	9,323.15		
13		46	鹿児島県	9,188.10		
14		34	広島県	8,479.38		
15		28	兵庫県	8,400.90		
16		22	静岡県	7,778.70		
17		45	宮崎県	7,735.31		

この列を基準にデータが並べ替えられる

データを50音順に並べ替える

表内のデータをアルファベット順や50音順に並べ替えることも可能です。この操作手順は、先ほど解説した手順と基本的に同じです。各アイコンをクリックしたときの並び順は、それぞれ以下のようになります。

A↓Z （昇順） ……… 記号 → （A→Z） → （あ→ん）

Z↓A （降順） ……… （ん→あ） → （Z→A） →記号

ここでは、先ほどの表を「都道府県」の50音順で並べ替える場合を例に、その操作手順を解説します。

②このタブを選択

③クリック

①セルを1つだけ選択

図23-3 表内で「都道府県」の列にあるセルを1つだけ選択します。続いて、[データ]タブにある A↓Z （昇順）をクリックします。

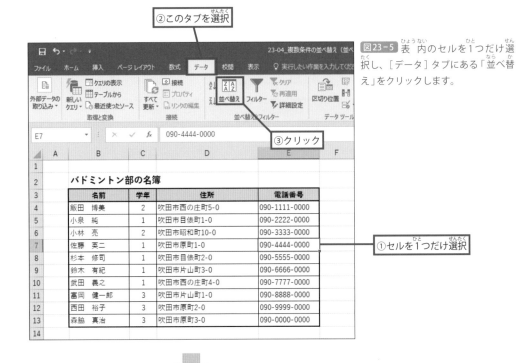

☞ ワンポイント

漢字の並べ替え
漢字を含む文字を正しい50音順に並べ替えるには、漢字を正しい"読み"で入力してから漢字変換する必要があります（詳しくはステップ24で解説）。

No.	都道府県	面積（km²）
23	愛知県	5,172.40
2	青森県	9,645.40
5	秋田県	11,637.54
17	石川県	4,186.15
8	茨城県	6,096.93
3	岩手県	15,275.01
38	愛媛県	5,676.10
44	大分県	6,340.61
27	大阪府	1,904.99
33	岡山県	7,114.62
47	沖縄県	2,281.00
37	香川県	1,876.73
46	鹿児島県	9,188.10
14	神奈川県	2,415.81
21	岐阜県	10,621.29
26	京都府	4,612.20
43	熊本県	7,409.32
10	群馬県	6,362.28

（都道府県の面積（平成27年国勢調査より））

図23-4 「都道府県」の50音順でデータが並べ替えられます。

この列を基準にデータが並べ替えられる

複数の条件を指定した並べ替え

［データ］タブにある「並べ替え」は、複数の条件で並べ替えを行う場合に利用します。たとえば、「学年」の大きい順に並べ替え、さらに学年ごとに「名前」の50音順で並べ替える、という処理を行うときは以下のように操作します。

②このタブを選択

③クリック

図23-5 表内のセルを1つだけ選択し、［データ］タブにある「並べ替え」をクリックします。

①セルを1つだけ選択

名前	学年	住所	電話番号
飯田　博美	2	吹田市西の庄町5-0	090-1111-0000
小泉　純	1	吹田市目俵町1-0	090-2222-0000
小林　亮	2	吹田市昭和町10-0	090-3333-0000
佐藤　英二	1	吹田市原町1-0	090-4444-0000
杉本　修司	1	吹田市目俵町2-0	090-5555-0000
鈴木　有紀	1	吹田市片山町3-0	090-6666-0000
武田　義之	1	吹田市西の庄町4-0	090-7777-0000
富岡　健一郎	3	吹田市片山町1-0	090-8888-0000
西田　裕子	3	吹田市原町2-0	090-9999-0000
森脇　真治	3	吹田市原町3-0	090-0000-0000

（バドミントン部の名簿）

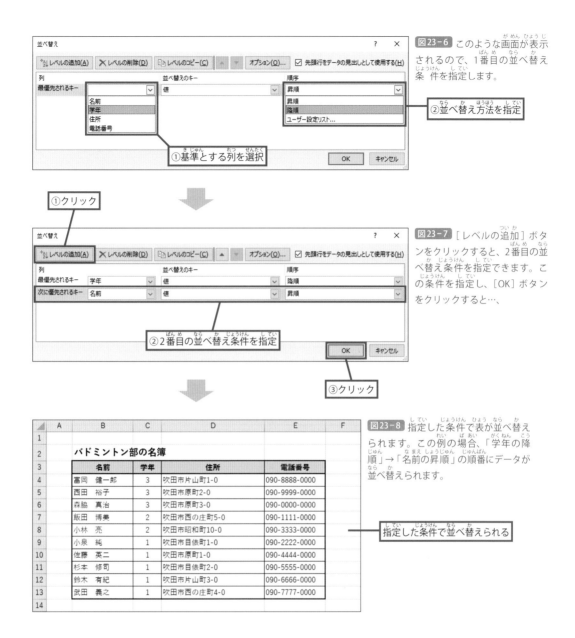

図23-6 このような画面が表示されるので、1番目の並べ替え条件を指定します。

②並べ替え方法を指定

①基準とする列を選択

①クリック

図23-7 [レベルの追加] ボタンをクリックすると、2番目の並べ替え条件を指定できます。この条件を指定し、[OK] ボタンをクリックすると…、

②2番目の並べ替え条件を指定

③クリック

図23-8 指定した条件で表が並べ替えられます。この例の場合、「学年の降順」→「名前の昇順」の順番にデータが並べ替えられます。

指定した条件で並べ替えられる

演 習

（1）以下のURLから図23-1のExcelファイルをダウンロードし、「面積」の小さい順に表を並べ替えてみましょう。

　　※Excelファイルのダウンロード URL
　　http://www.cutt.jp/books/excel2016_833/

（2）続いて、表を「都道府県」の50音順に並べ替えてみましょう。

（3）表を元の並び順（北海道～沖縄県）に戻してみましょう。

（4）上記のURLから図23-5のExcelファイルをダウンロードし、図23-8のように並べ替えてみましょう。

Step

24

ふりがなの表示と編集

漢字を含む文字を正しく50音順に並べ替えるには、Excelに記録されている「ふりがな」に注意する必要があります。続いては、「ふりがな」の表示方法や編集方法について学習します。

● 漢字の並べ替えについて

Excelは、「漢字変換を行う前の読み」を「ふりがな」として記録する仕組みになっています。このため、読み方が複数ある漢字も正しい50音順に並べ替えることができます。

たとえば、「浅草神社」（あさくさじんじゃ）と「浅草寺」（せんそうじ）は、いずれも「浅草」という漢字で始まりますが、このような場合でも正しく50音順に並べ替えることが可能です。

	A	B	C	D
1				
2		東京の社寺		
3				
4		名称	所在地	
5		浅草神社	台東区浅草	
6		神田明神	千代田区外神田	
7		柴又帝釈天	葛飾区柴又	
8		水天宮	中央区日本橋蛎殻町	
9		浅草寺	台東区浅草	
10		増上寺	港区芝公園	
11		明治神宮	渋谷区代々木神園町	
12		靖国神社	千代田区九段北	
13				
14				

同じ漢字でも50音順の並び順は異なる

図24-1 「名称」の50音順に表を並べ替えた場合。正しい読みで入力した漢字は、正しく50音順に並べ替えられます。

ただし、間違った読みで入力した漢字はこの限りではありません。たとえば、「浅草寺」（せんそうじ）を「あさくさでら」で漢字変換した場合は、以下のように間違った50音順に並べ替えられてしまいます。

	A	B	C	D
1				
2		東京の社寺		
3				
4		名称	所在地	
5		浅草神社	台東区浅草	
6		浅草寺	台東区浅草	
7		神田明神	千代田区外神田	
8		柴又帝釈天	葛飾区柴又	
9		水天宮	中央区日本橋蛎殻町	
10		増上寺	港区芝公園	
11		明治神宮	渋谷区代々木神園町	
12		靖国神社	千代田区九段北	
13				
14				

「あさくさでら」で入力した場合

図24-2 50音順の並べ替えはExcelに記録されている「ふりがな」に従うため、間違った読みで入力すると、間違った50音順に並べ替えられます。

98

●ふりがなの表示

　漢字を正しく50音順に並べ替えるには、Excelに記録されている「ふりがな」を確認しておく必要があります。セルに入力した漢字の「ふりがな」は、⛿（ふりがなの表示／非表示）を操作すると表示できます。

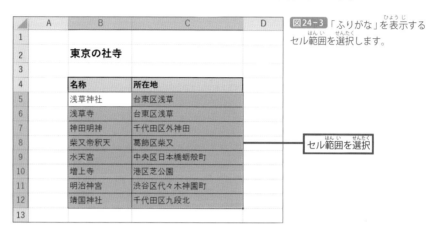

図24-3　「ふりがな」を表示するセル範囲を選択します。

セル範囲を選択

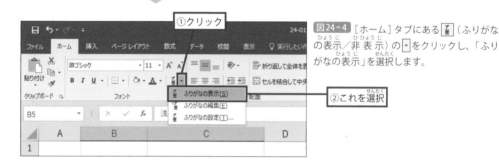

①クリック

図24-4　[ホーム] タブにある⛿（ふりがなの表示／非表示）の▾をクリックし、「ふりがなの表示」を選択します。

②これを選択

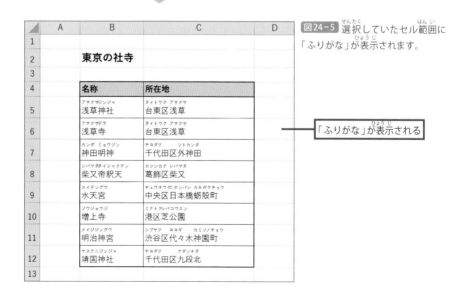

図24-5　選択していたセル範囲に「ふりがな」が表示されます。

「ふりがな」が表示される

●ふりがなの編 集

画面に表示された「ふりがな」に間違いが見つかった場合は、以下のように操作して「ふりがな」を正しく修正します。

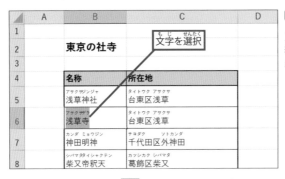

図24-6 セルをダブルクリックし、セル内にカーソルを表示します。続いて、「ふりがな」を修正する文字を選択します。

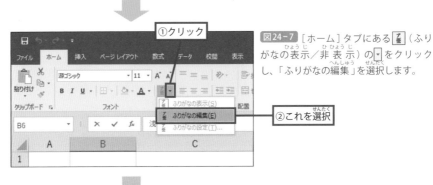

図24-7 [ホーム]タブにある（ふりがなの表示／非 表示）の▼をクリックし、「ふりがなの編集」を選択します。

図24-8 「ふりがな」が選択された状 態になります。

ワンポイント

全角カタカナ変換
読みを入力したあと[F7]キーを押すと、全角カタカナに変換することができます。

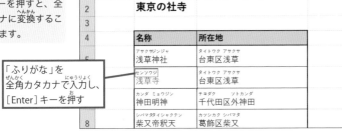

「ふりがな」を全角カタカナで入力し、[Enter]キーを押す

図24-9 正しい「ふりがな」を全角カタカナで入力し、[Enter]キーを押します。以上で「ふりがな」の修 正は完了です。

●ふりがなを非表示の状態に戻す

「ふりがな」の修正が完了したら、以下のように操作して「ふりがな」を非表示の状態に戻しておきます。

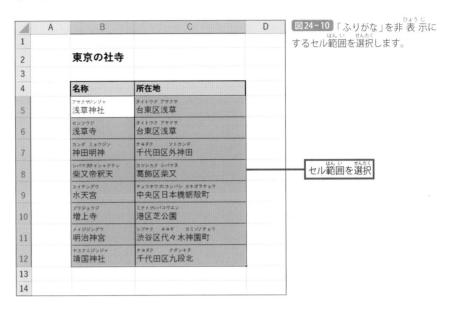

図24-10 「ふりがな」を非表示にするセル範囲を選択します。

セル範囲を選択

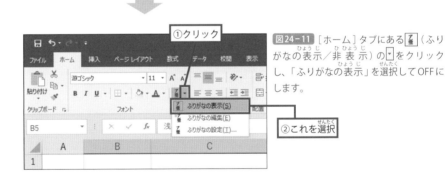

①クリック

②これを選択

図24-11 [ホーム]タブにある（ふりがなの表示／非表示）の▾をクリックし、「ふりがなの表示」を選択してOFFにします。

演習

(1) 以下のURLから図24-2のExcelファイルをダウンロードし、B5〜C12のセル範囲に「ふりがな」を表示してみましょう。

　　※Excelファイルのダウンロード URL
　　http://www.cutt.jp/books/excel2016_833/

(2)「浅草寺」（B6セル）の「ふりがな」を「センソウジ」に修正してみましょう。

(3) B5〜C12のセル範囲の「ふりがな」を非表示に戻してみましょう。

(4) 表を「名称」の50音順で並べ替え、「浅草寺」（せんそうじ）が正しい位置に表示されることを確認してみましょう。

Step 25 フィルター

調査結果などを分析する際に、指定した条件に合うデータだけを画面に表示できるフィルターを利用することも可能です。このステップでは、フィルターの利用方法について解説します。

● フィルターとは…？

フィルターは、作成した表の中から条件に合うデータだけを抽出してくれる機能です。たとえば、「中部地方のデータだけを表示する」「人口密度の上位10件のデータだけを表示する」などの処理を簡単に行うことができます。データを色々な角度から分析するときに役に立つので、ぜひ使い方を覚えておいてください。

● フィルターの開始

フィルターを利用するときは、最初に以下のように操作し、表の見出しに ▼ を表示させておく必要があります。

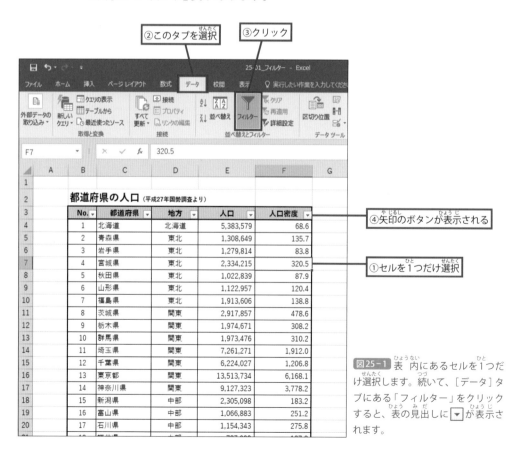

図25-1 表内にあるセルを1つだけ選択します。続いて、[データ]タブにある「フィルター」をクリックすると、表の見出しに ▼ が表示されます。

● 文字のフィルター

　それでは、フィルターの具体的な使い方を解説していきましょう。まずは、指定した文字があるデータだけを抽出する方法です。ここでは、図25-1の表から中国地方ならびに四国地方のデータだけを抽出する場合を例に、その操作手順を解説します。

図25-2 「地方」の見出しにある ▼ をクリックすると、その列に入力されている文字が一覧表示されます。ここで「中国」と「四国」だけにチェックを入れ、[OK] ボタンをクリックします。

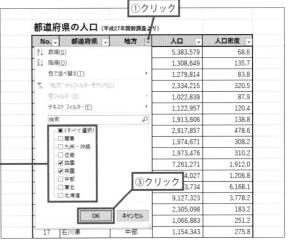

① クリック

② 抽出するデータだけにチェックを入れる

③ クリック

ワンポイント

チェックの解除
最初は、全項目がチェックされている状態になっています。この状態で（すべて選択）をクリックすると、全項目からチェックを外すことができます。

No.	都道府県	地方	人口	人口密度
34	31	鳥取県	中国	573,648	163.6
35	32	島根県	中国	694,188	103.5
36	33	岡山県	中国	1,922,181	270.2
37	34	広島県	中国	2,844,963	335.5
38	35	山口県	中国	1,405,007	229.9
39	36	徳島県	四国	756,063	182.3
40	37	香川県	四国	976,756	520.5
41	38	愛媛県	四国	1,385,840	244.2
42	39	高知県	四国	728,461	102.5

抽出条件に合うデータだけが表示される

図25-3 「中国」または「四国」のデータ（行）だけが抽出されて画面に表示されます。

● 抽出条件の解除

　フィルターを使ってデータを抽出すると、条件に合わないデータが画面に表示されなくなります。ただし、これらのデータは削除された訳ではありません。指定した抽出条件を解除すると、表が元の状態に戻り、全データを表示できるようになります。

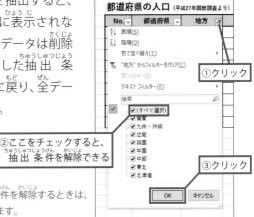

① クリック

② ここをチェックすると、抽出条件を解除できる

③ クリック

図25-4 指定した抽出条件を解除するときは、（すべて選択）をチェックします。

●数値フィルター

数値が入力されている列は、数値の大小や範囲を指定してデータを抽出することが可能です。この場合は、**数値フィルター**を使って抽出条件を指定します。

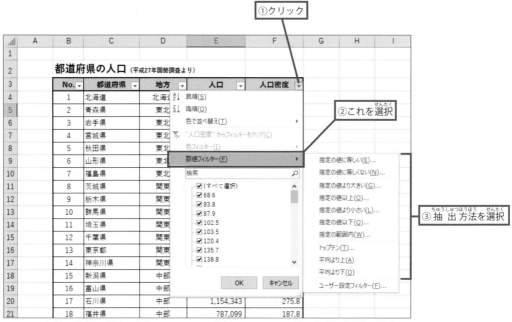

図25-5 抽出条件を数値で指定するときは、「数値フィルター」の中から抽出方法を選択します。

☞ ワンポイント

ANDとOR
2つの抽出条件を同時に指定することも可能です。この場合は、それぞれの条件をANDまたはORで結合します。ANDを指定すると「かつ」、ORを指定すると「または」で各条件が連結されます。

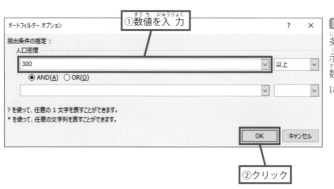

図25-6
条件指定の画面が表示され、抽出条件を数値で指定できるようになります。

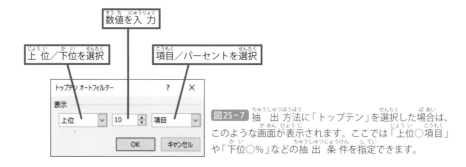

図25-7 抽出方法に「トップテン」を選択した場合は、このような画面が表示されます。ここでは「上位○項目」や「下位○%」などの抽出条件を指定できます。

	A	B	C	D	E	F	G
1							
2		都道府県の人口 (平成27年国勢調査より)					
3		No. ▼	都道府県 ▼	地方 ▼	人口 ▼	人口密度 ▼	
14		11	埼玉県	関東	7,261,271	1,912.0	
15		12	千葉県	関東	6,224,027	1,206.8	
16		13	東京都	関東	13,513,734	6,168.1	
17		14	神奈川県	関東	9,127,323	3,778.2	
26		23	愛知県	中部	7,484,094	1,446.9	
29		26	京都府	近畿	2,610,140	565.9	
30		27	大阪府	近畿	8,838,908	4,639.9	
31		28	兵庫県	近畿	5,536,989	659.1	
43		40	福岡県	九州・沖縄	5,102,871	1,023.4	
50		47	沖縄県	九州・沖縄	1,434,138	628.7	
51							

この列の数値が上位10項目のデータを抽出

図25-8 「人口密度」の上位10項目（トップテン）を条件にデータを抽出した場合。

● 複数の抽出条件

複数の列に対して抽出条件を指定することも可能です。この場合は、すべての抽出条件に合致するデータだけが画面に表示されます。なお、抽出条件が指定されている列は、▼のアイコンが 🔽 に変化して表示されます。

	A	B	C	D	E	F	G
1							
2		都道府県の人口 (平成27年国勢調査より)					
3		No. ▼	都道府県 ▼	地方 🔽	人口 ▼	人口密度 🔽	
19		16	富山県	中部	1,066,883	251.2	
20		17	石川県	中部	1,154,343	275.8	
25		22	静岡県	中部	3,701,181	475.8	
26		23	愛知県	中部	7,484,094	1,446.9	
51							

抽出条件が指定されている列

図25-9 「中部地方で人口密度200以上」の抽出条件を指定した場合。

● フィルターの終了

フィルターの利用を終了するときは、［データ］タブにある「フィルター」をクリックしてOFFにします。すると、▼や🔽が非表示になり、すべての抽出条件が解除されます（全データが表示されます）。

演習

（1）以下のURLから図25-1のExcelファイルをダウンロードし、フィルターを使って「九州・沖縄」のデータだけを抽出してみましょう。

　　※Excelファイルのダウンロード URL
　　http://www.cutt.jp/books/excel2016_833/

（2）さらに「人口密度」が300以上のデータだけを抽出してみましょう。
（3）「地方」の列に指定した抽出条件を解除してみましょう。
（4）フィルターを終了し、すべての抽出条件を解除してみましょう。

Step 26 条件付き書式（1）

条件付き書式は、セルの内容に応じて背景色や文字色を自動的に変更できる機能です。この機能は、指定した条件に合うセルだけを強調して表示する場合などに活用できます。

●セルの強調表示ルール

数値が指定した条件の範囲内にあるセルだけを強調して表示したい場合は、条件付き書式を利用すると便利です。たとえば、数値が0より小さいセルだけを強調するときは、以下のように操作します。

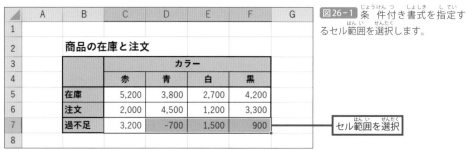

図26-1 条件付き書式を指定するセル範囲を選択します。

セル範囲を選択

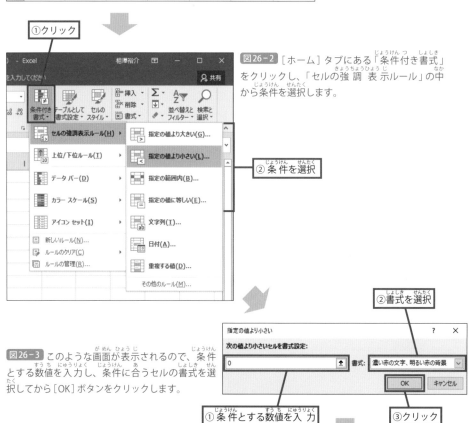

①クリック

図26-2 ［ホーム］タブにある「条件付き書式」をクリックし、「セルの強調表示ルール」の中から条件を選択します。

② 条件を選択

②書式を選択

図26-3 このような画面が表示されるので、条件とする数値を入力し、条件に合うセルの書式を選択してから［OK］ボタンをクリックします。

① 条件とする数値を入力

③クリック

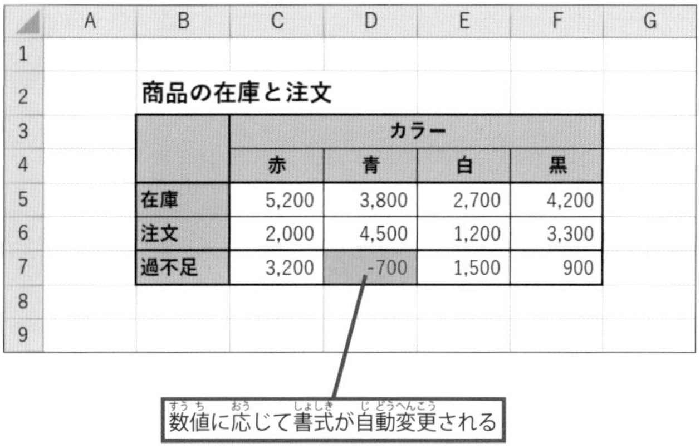

図26-4 指定した条件に合うセルだけが強調して表示されます。

数値に応じて書式が自動変更される

　今回の例では、**条件付き書式**を指定したセル範囲（C7～F7）に**数式**が入力されています。この場合は、数式の計算結果が条件の対象となります。よって、「在庫」や「注文」の数値を変更すると「過不足」のセルの書式が自動的に変化します。

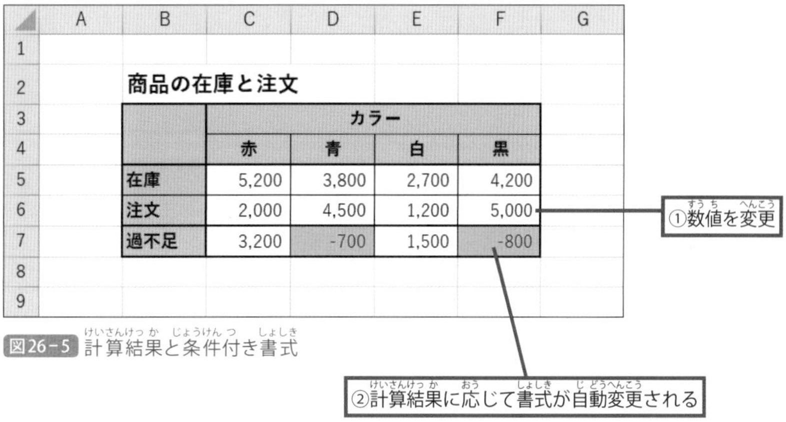

①数値を変更

図26-5 計算結果と条件付き書式

②計算結果に応じて書式が自動変更される

　そのほか、「セルの強調表示ルール」では以下のような条件を指定することが可能です。

◆ 文字列

指定した文字を含むセルだけを強調表示できます。

◆ 日付

日付が指定した期間内にあるセルだけを強調表示できます。

◆ 重複する値

選択したセル範囲内で、同じデータが重複しているセルだけを強調表示できます。なお、条件に「一意」を指定した場合は、データが重複していないセルが強調表示されます。

図26-6 「文字列」の条件指定

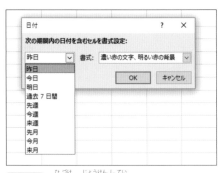

図26-7 「日付」の条件指定

図26-8 「重複する値」の条件指定

● 上位／下位ルール

数値の範囲ではなく、「上位○項目」や「下位○%」、「平均より上」などの条件でセルを強調表示させることも可能です。この場合は、「上位／下位ルール」で最適な条件を指定します。

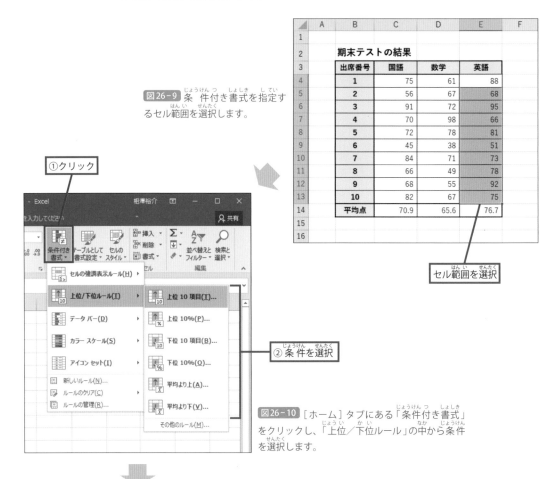

図26-9 条件付き書式を指定するセル範囲を選択します。

① クリック

セル範囲を選択

② 条件を選択

図26-10 ［ホーム］タブにある「条件付き書式」をクリックし、「上位／下位ルール」の中から条件を選択します。

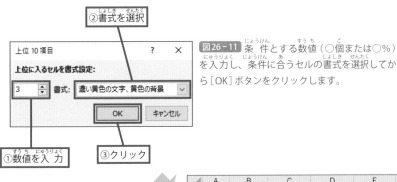

図26-11 条件とする数値（○個または○%）を入力し、条件に合うセルの書式を選択してから[OK]ボタンをクリックします。

	A	B	C	D	E	F
1						
2		期末テストの結果				
3		出席番号	国語	数学	英語	
4		1	75	61	88	
5		2	56	67	68	
6		3	91	72	95	
7		4	70	98	66	
8		5	72	78	81	
9		6	45	38	51	
10		7	84	71	73	
11		8	66	49	78	
12		9	68	55	92	
13		10	82	67	75	
14		平均点	70.9	65.6	76.7	
15						
16						

上位3個が強調表示される

図26-12 指定した条件に合うセルだけが強調して表示されます。

● 条件付き書式の解除

　最後に、指定した条件付き書式を解除するときの操作手順を解説しておきます。条件付き書式を解除するときは、セル範囲を選択した状態で「**条件付き書式**」をクリックし、「**ルールのクリア**」→「**選択したセルからルールをクリア**」を選択します。

演習

（1）図26-9のように表を作成し、C14〜E14のセルに各教科の平均を求める関数を入力してみましょう。

（2）C14〜E14のセル範囲に条件付き書式を指定し、平均点が70点より大きいセルを強調表示してみましょう。
　　※条件に合うセルの書式は「濃い赤の文字、明るい赤の背景」を指定します。

（3）C11セルの数値を「56」に変更すると、C14セルの書式が自動的に変化することを確認してみましょう。

（4）条件付き書式を使用し、各教科の上位3名のセルを強調表示してみましょう。
　　※条件に合うセルの書式は「濃い黄色の文字、黄色の背景」を指定します。
　《作業後は表をファイルに保存しておきます》

条件付き書式（2）

条件付き書式には、セル内で数値をグラフ化したり、数値に応じて背景色を変化させたりする機能も用意されています。続いては、データバーやカラースケールなどの使い方を学習します。

●データバーの表示

　数値を視覚的にわかりやすく示したい場合は、**データバー**を利用すると便利です。データバーを指定すると、各セルの数値を棒グラフで表示できるようになります。

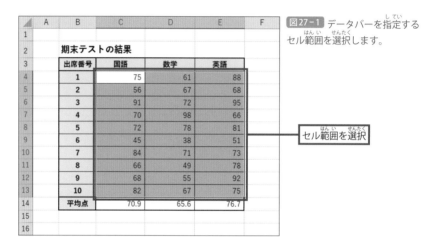

図27-1 データバーを指定するセル範囲を選択します。

セル範囲を選択

①クリック

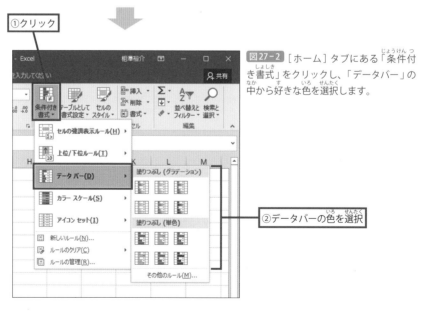

図27-2 ［ホーム］タブにある「条件付き書式」をクリックし、「データバー」の中から好きな色を選択します。

②データバーの色を選択

	A	B	C	D	E	F
1						
2		期末テストの結果				
3		出席番号	国語	数学	英語	
4		1	75	61	88	
5		2	56	67	68	
6		3	91	72	95	
7		4	70	98	66	
8		5	72	78	81	
9		6	45	38	51	
10		7	84	71	73	
11		8	66	49	78	
12		9	68	55	92	
13		10	82	67	75	
14		平均点	70.9	65.6	76.7	
15						

図27-3 選択していたセル範囲の数値がデータバー（棒グラフ）で表示されます。

　　　データバー（棒グラフ）で示される数値の範囲は、選択していたセル範囲の数値に応じて自動的に決定されます。上の例の場合では、0 ～ 100が棒グラフで示される範囲となります。

●範囲を指定してデータバーを表示

　　　データバーで示す数値の範囲を自分で指定することも可能です。この場合は、以下のように操作してデータバーを指定します。

①クリック

②これを選択

「数値」を選択

図27-4 データバーを指定するセル範囲を選択します。続いて「条件付き書式」をクリックし、「データバー」→「その他のルール」を選択します。

図27-5 このような設定画面が表示されるので、最小値の［種類］に「数値」を選択します。

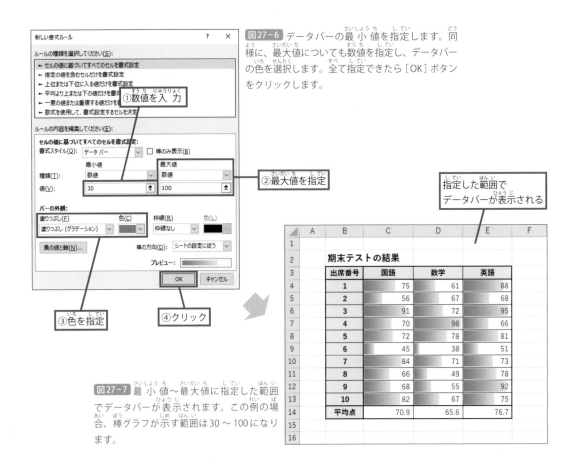

図27-6 データバーの最小値を指定します。同様に、最大値についても数値を指定し、データバーの色を選択します。全て指定できたら［OK］ボタンをクリックします。

①数値を入力

②最大値を指定

指定した範囲で
データバーが表示される

③色を指定

④クリック

図27-7 最小値～最大値に指定した範囲でデータバーが表示されます。この例の場合、棒グラフが示す範囲は 30 ～ 100 になります。

● カラースケール

カラースケールは、数値に応じてセルの背景色を変化させる条件付き書式です。こちらも数値を視覚的にわかりやすく表示したい場合に活用できます。

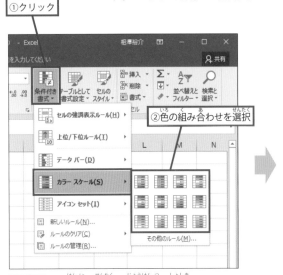

①クリック

②色の組み合わせを選択

数値に応じて色分けされる

図27-8 セル範囲を選択し、「条件付き書式」の「カラースケール」の中から好きな色を選択します。

図27-9 数値に応じてセルの背景色が色分けされて表示されます。

図27-10 「カラースケール」→「その他のルール」を選択し、色で表現する数値の範囲を指定することも可能です。この操作手順は、データバーの最小値と最大値を指定する場合と基本的に同じです。

●アイコンセット

数値に応じて各セルの左端にアイコンを表示する条件付き書式も用意されています。この書式もデータバーやカラースケールと同様の手順で指定できます。

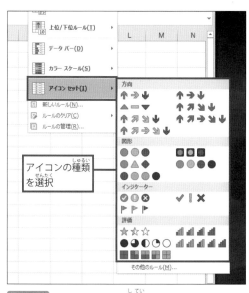

図27-11 アイコンセットの指定

図27-12 「その他のルール」を選択し、それぞれのアイコンが対応する数値の範囲を細かく指定することも可能です。

演習

（1）ステップ26の演習（4）で保存したファイルを開き、C4～E14のセル範囲に指定した条件付き書式を解除してみましょう。

（2）C4～E13のセル範囲に赤のデータバー（グラデーション）を指定してみましょう。

（3）データバーの棒グラフが示す範囲を20～100に変更してみましょう。

《作業後にファイルの上書き保存を行い、ファイルを更新しておきます》

Step 28

クイック分析

Excelには、条件付き書式の指定、グラフの作成、合計や平均の算出など
を手軽に行えるクイック分析という機能が用意されています。続いては、
クイック分析の利用方法について解説します。

● クイック分析とは…？

数値データを含むセル範囲を選択すると、その右下に 圄 (クイック分析) の
アイコンが表示されます。このアイコンをクリックして、条件付き書式を指定
したり、グラフを作成したり、合計や平均などの関数を自動入力したりする
ことも可能です。データを手軽に分析したい場合に活用するとよいでしょう。

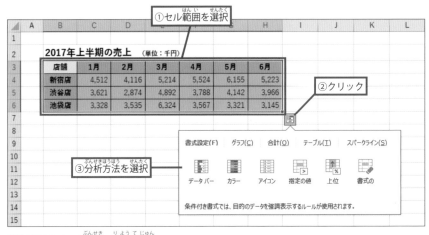

図28-1 クイック分析の利用手順

● 条件付き書式の指定

クイック分析で「書式設定」の項目を選択すると、選択していたセル範囲に
データバーやカラースケールなどの条件付き書式を指定できます。

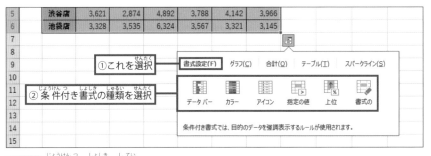

図28-2 条件付き書式の指定

114

店舗	1月	2月	3月	4月	5月	6月
新宿店	4,512	4,116	5,214	5,524	6,155	5,223
渋谷店	3,621	2,874	4,892	3,788	4,142	3,966
池袋店	3,328	3,535	6,324	3,567	3,321	3,145

2017年上半期の売上　（単位：千円）

図28-3 「データバー」を選択した場合

店舗	1月	2月	3月	4月	5月	6月
新宿店	4,512	4,116	5,214	5,524	6,155	5,223
渋谷店	3,621	2,874	4,892	3,788	4,142	3,966
池袋店	3,328	3,535	6,324	3,567	3,321	3,145

2017年上半期の売上　（単位：千円）

図28-4 「指定の値」で4000以上を強調表示した場合

● グラフの作成

　「**グラフ**」の項目は、手軽にグラフを作成したいときに利用します。また、クイック分析のアイコン上へポインタを移動させるだけでグラフのプレビューが表示されるため、「グラフを作成するほどではないが、データ推移のイメージを確認しておきたい」という場合にもクイック分析が活用できます。

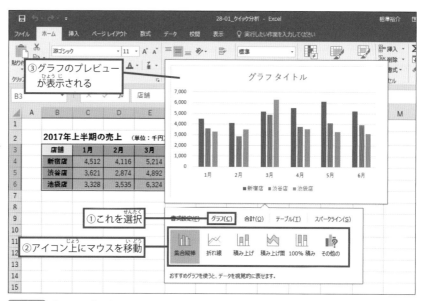

図28-5 グラフのプレビュー

　もちろん、アイコンをクリックしてグラフを作成することも可能です。作成したグラフは、本書のP78〜89で解説した方法でカスタマイズできます。

関数の自動入力

「合計」の項目は、選択したセル範囲のすぐ下の行（または右の列）に、合計や平均といった関数を自動入力するときに利用します。計算結果のプレビュー機能が装備されているため、合計や平均などを素早く確認したい場合にも活用できます。

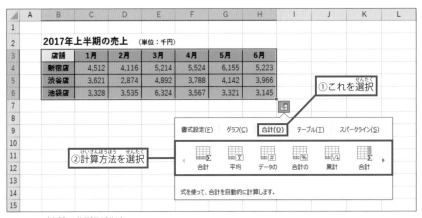

図28-6 関数の自動入力

関数が自動入力され、計算結果が表示される

図28-7 「合計」を選択した場合

テーブル

「テーブル」の項目は、選択したセル範囲をテーブルとして扱ったり、ピボットテーブルを作成したりする場合に利用します。ただし、少し上級者向けの機能となるので、本書では説明を割愛します。気になる方は、Excelのヘルプなどを参考に使い方を学習してください。

図28-8 「テーブル」に用意されているアイコン

● スパークライン

「**スパークライン**」はセル内に簡易グラフを作成する機能で、データの推移を視覚的にわかりやすく示したい場合に活用できます。

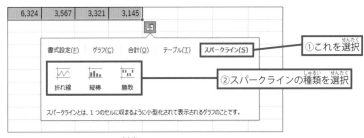

①これを選択
②スパークラインの種類を選択

図28-9 スパークラインの作成

折れ線

	A	B	C	D	E	F	G	H	I	J
1										
2		2017年上半期の売上		(単位：千円)						
3		店舗	1月	2月	3月	4月	5月	6月		
4		新宿店	4,512	4,116	5,214	5,524	6,155	5,223		
5		渋谷店	3,621	2,874	4,892	3,788	4,142	3,966		
6		池袋店	3,328	3,535	6,324	3,567	3,321	3,145		
7										

図28-10 データの推移を折れ線グラフで示すことができます。

縦棒

	F	G	H	I	J
	円)				
14	5,524	6,155	5,223		
92	3,788	4,142	3,966		
24	3,567	3,321	3,145		

図28-11 データの推移を縦棒グラフで示すことができます。

勝 敗

	A	B	C	D	E	F	G	H	I	J
1										
2		2017年上半期の売上		(前年比)						
3		店舗	1月	2月	3月	4月	5月	6月		
4		新宿店	3.5%	-2.1%	5.1%	7.8%	12.4%	6.6%		
5		渋谷店	-5.1%	-11.7%	9.7%	-1.2%	1.4%	3.1%		
6		池袋店	4.5%	6.8%	13.7%	-5.6%	-4.7%	-1.2%		
7										

図28-12 「正の数」と「負の数」を視覚的にわかりやすく示すことができます。

演 習

（1）以下のURLから**図28-1**のExcelファイルをダウンロードし、**クイック分析**を使って**各店舗の売上の平均**を求めてみましょう。
   ※表の右隣に「平均」を求める関数を自動入力します。

   ※Excel ファイルのダウンロード URL
   http://www.cutt.jp/books/excel2016_833/

（2）**B3～H6**のセル範囲を基に、**積み上げ縦棒**のグラフを作成したときのイメージを**クイック分析**で確認してみましょう。
   ※画面に表示させるだけでグラフの作成は行いません。

Step 29

ウィンドウ枠の固定とシートの保護

このステップでは「ウィンドウ枠の固定」と「シートの保護」の使い方を解説します。これらの機能は、作成した表をより使いやすくする場合に活用できます。

● ウィンドウ枠の固定

サイズが大きい表は、ウィンドウ枠の固定を使って「見出し」のセルを常に画面に表示させておくと表が見やすくなります。たとえば、1〜3行目を固定して常に画面に表示させる場合は、以下のように操作します。

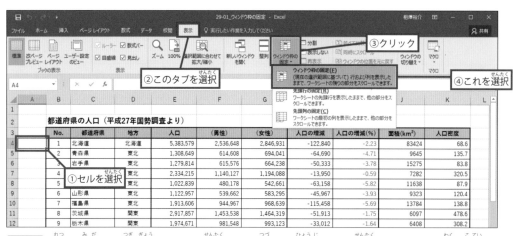

図29-1 A列で「見出し」の次の行にあるセルを選択します。続いて、[表示] タブを選択し、「ウィンドウ枠の固定」→「ウィンドウ枠の固定」を選択します。

図29-2 選択していたセルより上にある行（1〜3行目）が固定され、画面を下へスクロールしても常に画面に表示されるようになります。

また、行と列の両方を固定することも可能です。この場合は以下のように操作します。

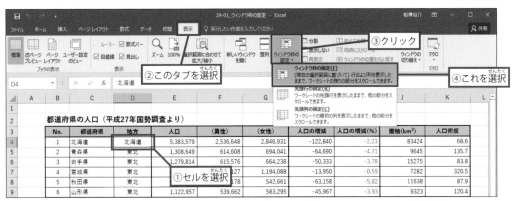

図29-3 固定しない行、列の先頭にあるセルを選択します。続いて、[表示] タブで「ウィンドウ枠の固定」→「ウィンドウ枠の固定」を選択します。

図29-4 選択していたセルより上にある行（1～3行目）、ならびに左にある列（A～C列目）が固定され、常に画面に表示されるようになります。

なお、指定した「ウィンドウ枠の固定」を解除するときは、[表示] タブで「ウィンドウ枠の固定」→「ウィンドウ枠固定の解除」を選択します。

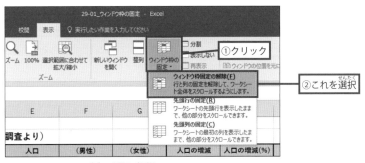

図29-5 ウィンドウ枠の固定の解除

● シートの保護

Excelには、操作可能なセル範囲を限定できる**シートの保護**が用意されています。誤ってデータや数式を削除したり、書式を変更したりしないように、大切な表はこの機能で保護しておくとよいでしょう。「シートの保護」を使って操作可能なセル範囲を限定するときは、以下のように操作します。

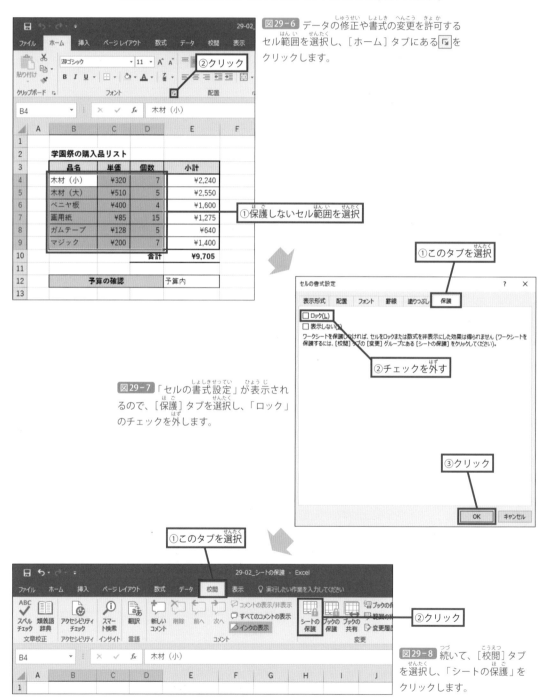

図29-6 データの修正や書式の変更を許可するセル範囲を選択し、［ホーム］タブにある 🖼 をクリックします。

①保護しないセル範囲を選択

②クリック

図29-7 「セルの書式設定」が表示されるので、［保護］タブを選択し、「ロック」のチェックを外します。

①このタブを選択

②チェックを外す

③クリック

①このタブを選択

②クリック

図29-8 続いて、［校閲］タブを選択し、「シートの保護」をクリックします。

ワンポイント

操作を許可する内容
ここでは、全てのセルで
実行可能な操作を指定し
ます。図29－6で選択
したセル範囲は保護の対
象外となるため、この
指定に関係なく全ての操
作を実行できます。

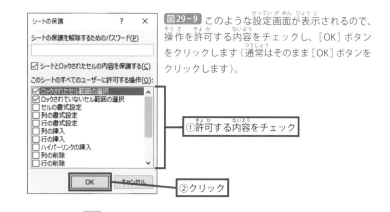

図29-9 このような設定画面が表示されるので、
操作を許可する内容をチェックし、［OK］ボタン
をクリックします（通常はそのまま［OK］ボタンを
クリックします）。

①許可する内容をチェック

②クリック

ワンポイント

シートの保護の解除
［校閲］タブにある
「シート保護の解除」を
クリックすると、シート
の保護が解除され、全て
のセルを自由に操作でき
るようになります。

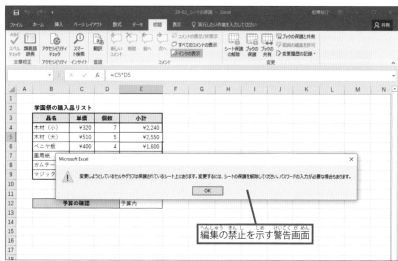

図29-10 シートの保護が適用さ
れ、図29－6で選択したセル範囲
だけが編集可能になります。他
のセルを編集しようすると、この
ような警告画面が表示され、操作
が取り消されます。

編集の禁止を示す警告画面

演習

（1）以下のURLから図29-1のExcelファイルをダウンロードし、1～3行目ならびにA～C列目をウィ
ンドウ枠の固定で画面に固定してみましょう。
※作業後、画面を下や右へスクロールして行／列が固定されていることを確認します。

　※Excelファイルのダウンロード URL
　http://www.cutt.jp/books/excel2016_833/

（2）ステップ27の演習（3）で保存したファイルを開き、シートの保護を使って操作可能なセル範囲
をC4～E13に限定してみましょう。

（3）C4～E13以外のセルは、データ修正や書式の変更ができないことを確認してみましょう。
　　例：C14セルに入力されている関数の削除を試してみる。

（4）C4～E13に入力されている数値を変更すると、C14～E14のセル（保護されているセル）の計算
結果が変化することを確認してみましょう。
　　例：C5セルの数値を「70」に変更する。

画像や図形の挿入

最後に、ワークシートに画像や図形などを挿入する方法を紹介しておきます。この操作手順は他のOfficeアプリケーションと同じですので、WordやPowerPointの解説書も参考にするとよいでしょう。

●画像の挿入

デジタルカメラで撮影した写真などの**画像ファイル**をワークシートに挿入するときは、以下のように操作します。

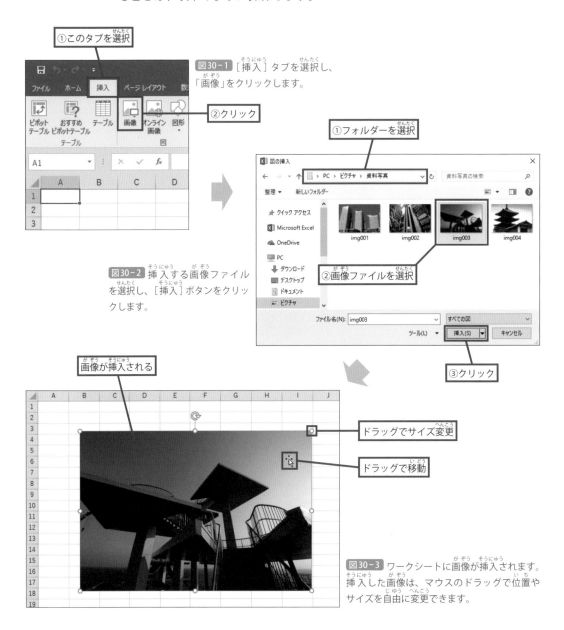

①このタブを選択

図30-1 [挿入] タブを選択し、「画像」をクリックします。

②クリック

①フォルダーを選択

②画像ファイルを選択

図30-2 挿入する画像ファイルを選択し、[挿入] ボタンをクリックします。

③クリック

画像が挿入される

ドラッグでサイズ変更

ドラッグで移動

図30-3 ワークシートに画像が挿入されます。挿入した画像は、マウスのドラッグで位置やサイズを自由に変更できます。

● 図形の描画

四角形や三角形、円などの**図形**をワークシートに描画することも可能です。図形を描画するときは、以下のように操作します。

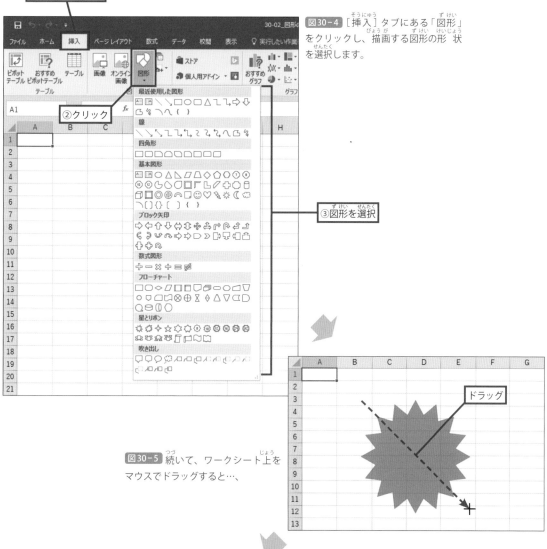

①このタブを選択

②クリック

③図形を選択

図30-4 [挿入] タブにある「図形」をクリックし、描画する図形の形状を選択します。

ドラッグ

図30-5 続いて、ワークシート上をマウスでドラッグすると…、

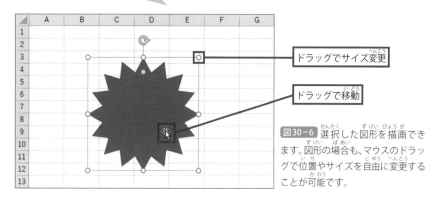

☞ ワンポイント

縦横の比率が等しい図形
図形を描画する際に [Shift] キーを押しながらマウスをドラッグすると、縦横の長さが等しい図形を描画できます。正方形や正円を描画する場合などに活用してください。

ドラッグでサイズ変更

ドラッグで移動

図30-6 選択した図形を描画できます。図形の場合も、マウスのドラッグで位置やサイズを自由に変更することが可能です。

　描画した図形は、内部の色や枠線の書式などを自由に変更できます。図形の書式を変更するときは、図形をクリックして選択し、［書式］タブのリボンを操作します。たとえば、図形内の色を変更するときは、「図形の塗りつぶし」の▾をクリックして一覧から色を選択します。

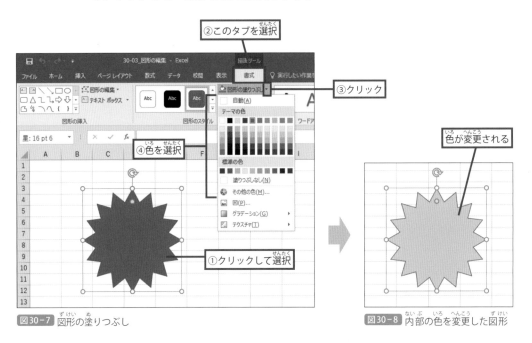

図30-7 図形の塗りつぶし

図30-8 内部の色を変更した図形

　図形の周囲を囲む枠線の書式を変更するときは、「図形の枠線」の▾をクリックし、枠線の色、太さ、種類を指定します。

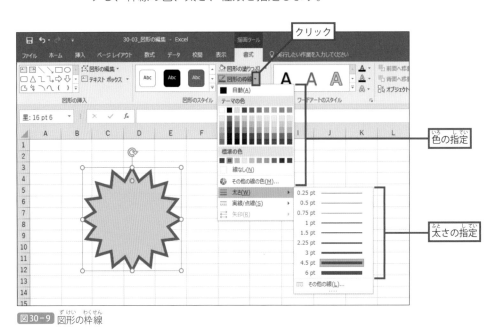

図30-9 図形の枠線

さらに、「**図形の効果**」を使うと、図形に立体的な装飾を施すことができます。そのほか、「**図形のスタイル**」にある▽をクリックし、あらかじめ用意されているデザインの中から書式を選択しても構いません。

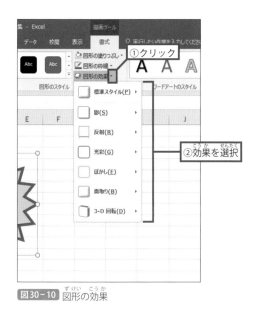

図30-10 図形の効果

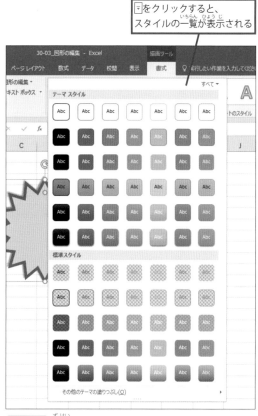

▽をクリックすると、スタイルの一覧が表示される

図30-11 図形のスタイル

（1）Excelを起動し、ワークシートに**画像**を挿入してみましょう。
　　※各自のパソコンに保存されている適当な画像ファイルを挿入します。
（2）Excelを起動し、以下のような**図形**を描画してみましょう。

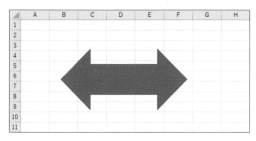

（3）図形の塗りつぶしの色を「**オレンジ**」、図形の枠線を「**4.5ポイント、緑**」に変更してみましょう。

索引 Index

【英字】

Excelブック 50
IF 74
OneDrive 13
SUM .... 66、70

【あ】

アイコンセット 113
新しいシート 50
色の設定（ウィンドウ） 24
色の変更 86
印刷 .... 54、58
印刷倍率 56
印刷プレビュー 54
ウィンドウ枠固定の解除 119
ウィンドウ枠の固定 118
上揃え 34
上付き 42
上書き保存 12
演算記号 62
オートSUM 66
オートフィル .... 46、64、71
オートフィル オプション 46
折り返して全体を表示する 49

【か】

改ページ プレビュー .... 17、59
下線 24
画像 122
カラースケール .... 112、114
関数 .... 66、70、74、116
関数の挿入 .... 72、75
関数名 70
偽の場合 75
行の削除 .... 32、64
行の選択 19
行の挿入 .... 33、64
行の高さ 30
クイック分析 114
空白のブック 7
グラフ .... 78、82、86、115
グラフ スタイル 84
グラフ タイトル .... 82、89
グラフの移動 79

【英字 右欄】

グラフの色 86
グラフのサイズ変更 79
グラフの作成 78
グラフの種類の変更 80
グラフ フィルター 85
グラフ要素 82
グラフ要素を追加 83
罫線 .... 27、43
罫線の削除 29
罫線の作成 29
効果 92
合計 .... 66、116
降順 .... 94、95

【さ】

最小値 67
最大値 67
参照 63
シートの保護 120
シート保護の解除 121
シート見出し 51
シート見出しの色 53
シート名の変更 52
軸 82
軸の書式設定 88
軸ラベル .... 82、84、89
時刻（表示形式） 40
下揃え 34
下付き 42
斜体 24
上位／下位ルール 108
条件付き書式 .... 106、110、114
昇順 .... 94、95
小数点以下の表示桁数 35
真の場合 75
数式 62
数式バー .... 8、14、25、36、42、63、71
数値（表示形式） 39
数値の個数 67
数値フィルター 104
ズーム 16
図形 123
図形の効果 125
図形のスタイル 125
図形の塗りつぶし 124

図形の枠線 ……………………………………… 124
スパークライン ………………………………… 117
セル ……………………………………………… 7、15
セル参照 ………………………………………… 63
セルの強調表示ルール ………………………… 106
セルの書式設定 ………………………… 38、42、120
セルのスタイル ………………………………… 92
セル範囲 ………………………………………… 18、70
セルを結合して中央揃え ……………………… 48
挿入オプション ………………………………… 33

【た】

タブ ……………………………………………… 14
中央揃え ………………………………………… 34
通貨（表示形式） ……………………………… 39
データテーブル ………………………………… 83
データバー ……………………………… 110、114
データラベル …………………………………… 83
テーマ …………………………………………… 90
テーマの色 ……………………………………… 91
取り消し線 ……………………………………… 42

【な】

名前を付けて保存 ……………………………… 10、12
並べ替え ………………………………………… 94、98
塗りつぶし（グラフ） ………………………… 87
塗りつぶしの色 ………………………………… 26、45

【は】

パーセンテージ（表示形式） ………………… 40
背景色 …………………………………… 26、45、92
配色 ……………………………………………… 92
凡例 ……………………………………… 82、84、89
比較演算子 ……………………………………… 74
引数 ……………………………………………… 70、71
左揃え …………………………………………… 34
日付（表示形式） ……………………………… 40
表示形式 ………………………………… 35、39、65
表示倍率 ………………………………………… 16
フィルター ……………………………………… 102
フォント ………………………………… 23、91、92
フォントサイズ ………………………………… 23
フォントの色 …………………………………… 24

太字 ……………………………………………… 24
ふりがな ………………………………………… 98
ふりがなの表示/非表示 ……………………… 99
ふりがなの編集 ………………………………… 100
平均 ……………………………………………… 67
ページレイアウト ……………………………… 17、58
ページ設定 ……………………………………… 56
ポイント ………………………………………… 23、31
本文 ……………………………………………… 91

【ま】

右揃え …………………………………………… 34
見出し …………………………………………… 91
目盛線 …………………………………………… 82
文字色 …………………………………………… 24、92
文字サイズ ……………………………………… 23
文字列（表示形式） …………………………… 40

【や】

余白 ……………………………………………… 56

【ら】

リボン …………………………………………… 14
ルーラー ………………………………………… 58
ルールのクリア ………………………………… 109
列の削除 ………………………………………… 32、64
列の選択 ………………………………………… 19
列の挿入 ………………………………………… 33、64
列の幅 …………………………………………… 30
連続データ ……………………………………… 47
ロック …………………………………………… 120
論理式 …………………………………………… 75

【わ】

ワークシート …………………………………… 7、15
ワークシート全体の選択 ……………………… 20
ワークシートの削除 …………………………… 52
ワークシートの挿入 …………………………… 50
ワークシートの並べ替え ……………………… 52
ワークシート名の変更 ………………………… 52
枠線（グラフ） ………………………………… 87

127

ご質問がある場合は・・・

本書の内容についてご質問がある場合は、本書の書名ならびに掲載箇所のページ番号を明記の上、FAX・郵送・Eメールなどの書面にてお送りください（宛先は下記を参照）。電話でのご質問はお断りいたします。また、本書の内容を超えるご質問に関しては、回答を控えさせていただく場合があります。

新刊書籍、執筆陣が講師を務めるセミナーなどをメールでご案内します

登録はこちらから

http://www.cutt.co.jp/ml/entry.php

情報演習 ㊴

留学生のための
Excel 2016 ワークブック ルビ付き

2020年4月20日　初版第1刷発行

著　者　　相澤 裕介
発行人　　石塚 勝敏
発　行　　株式会社 カットシステム
　　　　　〒169-0073 東京都新宿区百人町4-9-7　新宿ユーエストビル8F
　　　　　TEL　（03）5348-3850　　FAX　（03）5348-3851
　　　　　URL　http://www.cutt.co.jp/
　　　　　振替　00130-6-17174
印　刷　　シナノ書籍印刷 株式会社

Cover design Y. Yamaguchi　　　　　　　　Copyright©2017　相澤 裕介
Printed in Japan　　ISBN 978-4-87783-796-9

30ステップで基礎から実践へ！ ステップバイステップ方式で確実な学習効果をねらえます

留学生向けのルビ付きテキスト（漢字にルビをふってあります）

情報演習Ⓒステップ30
留学生のためのタイピング練習ワークブック Windows 10 版
ISBN978-4-87783-800-3／本体 800 円

情報演習㊳ステップ30
留学生のための Word 2016 ワークブック　本文カラー　ISBN978-4-87783-795-2／本体 900 円

情報演習㊴ステップ30
留学生のための Excel 2016 ワークブック　本文カラー　ISBN978-4-87783-796-9／本体 900 円

情報演習㊷ステップ30
留学生のための PowerPoint 2016 ワークブック　本文カラー　ISBN978-4-87783-805-8／本体 900 円

情報演習㊹　留学生のための Word ドリルブック　本文カラー　ISBN978-4-87783-797-6／本体 900 円

情報演習㊺　留学生のための Excel ドリルブック　本文カラー　ISBN978-4-87783-798-3／本体 900 円

情報演習㊻　留学生のための PowerPoint ドリルブック　本文カラー　ISBN978-4-87783-799-0／本体 900 円

情報演習㊼ステップ30
留学生のための HTML5 & CSS3 ワークブック
ISBN978-4-87783-808-9／本体 900 円

情報演習㊽ステップ30
留学生のための JavaScript ワークブック
ISBN978-4-87783-807-2／本体 900 円

大判本 A4判　情報演習㊸ステップ30
留学生のための Python [基礎編] ワークブック
ISBN978-4-87783-806-5／本体 900 円

タッチタイピングを身につける

情報演習Ⓑステップ30
タイピング練習ワークブック Windows 10 版
ISBN978-4-87783-838-6／本体 800 円

Office のバージョンに合わせて選べる

情報演習㉓ステップ30
Word 2013 ワークブック
ISBN978-4-87783-828-7／本体 800 円

情報演習㉔ステップ30
Excel 2013 ワークブック
ISBN978-4-87783-829-4／本体 800 円

情報演習㉕ステップ30
PowerPoint 2013 ワークブック
ISBN978-4-87783-830-0／本体 800 円

情報演習㉖ステップ30
Word 2016 ワークブック
ISBN978-4-87783-832-4／本体 900 円　本文カラー

情報演習㉗ステップ30
Excel 2016 ワークブック
ISBN978-4-87783-833-1／本体 900 円　本文カラー

情報演習㉘ステップ30
PowerPoint 2016 ワークブック
ISBN978-4-87783-834-8／本体 900 円　本文カラー

Photoshop を基礎から学習

情報演習㉚ステップ30
Photoshop CS6 ワークブック
ISBN978-4-87783-831-7／本体 1,000 円　本文カラー

ホームページ制作を基礎から学習

情報演習㉟ステップ30
HTML5 & CSS3 ワークブック [第 2 版]
ISBN978-4-87783-840-9／本体 900 円

情報演習㊱ステップ30
JavaScript ワークブック [第 3 版]
ISBN978-4-87783-841-6／本体 900 円

コンピュータ言語を基礎から学習

情報演習㉛ステップ30
Excel VBA ワークブック
ISBN978-4-87783-835-5／本体 900 円

情報演習㉜ステップ30
C 言語ワークブック 基礎編
ISBN978-4-87783-836-2／本体 900 円

情報演習⑥ステップ30
C 言語ワークブック
ISBN978-4-87783-820-1／本体 800 円

情報演習⑦ステップ30
C++ ワークブック
ISBN978-4-87783-822-5／本体 800 円

情報演習⑧ステップ30
Java ワークブック
ISBN978-4-87783-824-9／本体 800 円

情報演習㉝ステップ30
Python [基礎編] ワークブック
ISBN978-4-87783-837-9／本体 900 円

あ行

あ	A
い	I
う	U
え	E
お	O
ぁ	X A
ぃ	X I
ぅ	X U
ぇ	X E
ぉ	X O

か行

か	K A
き	K I
く	K U
け	K E
こ	K O
きゃ	K Y A
きゅ	K Y U
きょ	K Y O

さ行

さ	S A
し	S I
す	S U
せ	S E
そ	S O
しゃ	S Y A
しゅ	S Y U
しょ	S Y O

た行

た	T A
ち	T I
つ	T U
て	T E
と	T O
ちゃ	T Y A
ちゅ	T Y U
ちょ	T Y O

な行

な	N A
に	N I
ぬ	N U
ね	N E
の	N O
にゃ	N Y A
にゅ	N Y U
にょ	N Y O

は行

は	H A
ひ	H I
ふ	H U
へ	H E
ほ	H O
ひゃ	H Y A
ひゅ	H Y U
ひょ	H Y O

ま行

ま	M A
み	M I
む	M U
め	M E
も	M O
みゃ	M Y A
みゅ	M Y U
みょ	M Y O